SEJA
RICO

Bruno Gimenes

SEJA RICO

CHECKLIST PARA ELEVAR SEU NÍVEL FINANCEIRO

Nova Petrópolis/RS - 2020

Editorial: Luana Aquino
Estefani Machado
Capa: Guilherme Xavier
Revisão: Rebeca Benício
Ícones de miolo: Freepik

Dados Internacionais de Catalogação na Publicação (CIP)

G491s   Gimenes, Bruno.
Seja rico : checklist para elevar seu nível financeiro / Bruno Gimenes. – Nova Petrópolis : MAP - Mentes de Alta Performance, 2020.
320 p. ; 23 cm.

ISBN 978-65-88485-00-2

1. Autoajuda. 2. Desenvolvimento pessoal. 3. Sucesso. 4. Prosperidade. 5. Autoconhecimento. 6. Rique-za. 7. Autorrealização. I. Título.

CDU 159.947

Índice para catálogo sistemático:

1. Autoajuda   159.947

(Bibliotecária responsável: Sabrina Leal Araujo – CRB 8/10213)

Todos os direitos reservados. Nenhuma parte desta obra pode ser reproduzida ou transmitida por qualquer forma e/ou quaisquer meios (eletrônico ou mecânico, incluindo fotocópia e gravação) ou arquivada em qualquer sistema ou banco de dados sem permissão escrita da Editora.

Luz da Serra Editora Ltda.

Avenida 15 de Novembro, 785
Bairro Centro - Nova Petrópolis/RS
CEP 95150-000
livros@luzdaserra.com.br
www.luzdaserra.com.br
www.loja.luzdaserraeditora.com.br
Fones: (54) 3281-4399 / (54) 99113-7657

O que é *checklist*?

Checklist é uma palavra de origem inglesa, que ao pé da letra significa "lista de verificações".

Essa palavra é a junção de *check* (verificar) e *list* (lista). Um *checklist* é um instrumento de controle, composto por um conjunto de condutas, nomes, itens ou tarefas que devem ser lembradas e/ou seguidas.

SUMÁRIO

VOCÊ É TUDO O QUE NASCEU PARA SER?

13

QUASE MORRI DE RAIVA E FIQUEI RICO

23

PASSO 01. Descubra as motivações certas para enriquecer

39

PASSO 02. Pratique o poder do "Eu posso"

45

PASSO 03. Aprenda a instalar novos hábitos de riqueza

52

PASSO 04. Elimine a lealdade tóxica

56

PASSO 05. Tenha clareza do que você pode controlar

62

PASSO 06. Elimine a culpa da fartura

65

PASSO 07. Pare de ser o idiota das algemas de ouro
70

PASSO 08. Abra a caixa ancestral de prosperidade
76

PASSO 09. Saia da zona de conforto
83

PASSO 10. Ative o DNA dos vencedores
88

PASSO 11. Entenda o que a sua vibração fala sobre você
93

PASSO 12. Aprenda a enfraquecer o perfeccionismo
100

PASSO 13. Pratique o capricho, ele é o pai da prosperidade
103

PASSO 14. Remova a sombra da família
106

PASSO 15. Foque em ser o que nasceu para ser
115

PASSO 16. Domine o mundo das possibilidades
120

PASSO 17. Seja mais rebelde
126

PASSO 18. Visualize a obra pronta
130

PASSO 19. Seu Universo externo
134

PASSO 20. Você tem multipoderes
138

PASSO 21. Extermine o vício do mais barato
142

PASSO 22. O dinheiro não pode ser um corpo estranho
146

PASSO 23. Pare de trocar tempo por dinheiro
149

PASSO 24. Responda a estas três perguntas e fique rico
153

PASSO 25. Espere o positivo
157

PASSO 26. Seja mestre das metas e enriqueça sempre
161

PASSO 27. Seja um mestre da prosperidade
166

PASSO 28. Domine as quatro forças do dinheiro
171

PASSO 29. Coloque fermento nas suas metas
175

PASSO 30. Seja o melhor!
180

PASSO 31. Mude para ter mudanças!
185

PASSO 32. Entenda e melhore a imagem que as pessoas têm de você
190

PASSO 33. Seja um bom aluno! Avalie-se com seriedade
195

PASSO 34. Ensine a riqueza
201

PASSO 35. Desenvolva a habilidade do espaço mental
205

PASSO 36. Reconheça as suas conquistas
209

PASSO 37. Exorcize o "jeitinho"
213

PASSO 38. Aprenda a ler o seu paradigma
215

PASSO 39. Entenda as ferramentas
para atrair dinheiro rápido
219

PASSO 40. Localize seus com clareza
223

PASSO 41. Use estes dois elementos
que aceleram a sua riqueza
227

PASSO 42. Acesse a poderosa memória da gratidão
231

PASSO 43. O "CHA" da Prosperidade
235

PASSO 44. Use o poder da autossugestão
241

PASSO 45. Prepare-se para ampliar
sua visão de mundo
245

PASSO 46. Desafio Renda Extra – Dia 1
249

PASSO 47. Desafio Renda Extra – Dia 2
253

PASSO 48. Desafio Renda Extra – Dia 3
257

PASSO 49. Desafio Renda Extra – Dia 4
261

PASSO 50. Desafio Renda Extra – Dia 5
265

PASSO 51. Desafio Renda Extra – Dia 6
269

PASSO 52. Desafio Renda Extra – Dia 7
273

PASSO 53. Mexa o esqueleto
277

PASSO 54. Começa hoje o desafio final
279

PASSO 55. Desafio Final – Dia 2
283

PASSO 56. Desafio Final – Dia 3
287

PASSO 57. Desafio Final – Dia 4
291

PASSO 58. Desafio Final – Dia 5
294

PASSO 59. Desafio Final – Dia 6
297

PASSO 60. Desafio Final – Dia 7
300

***CHECKLIST* DE REVISÃO**
305

CONCLUSÃO.
O fim desta jornada
314

VOCÊ É TUDO O QUE NASCEU PARA SER?

"**Não quero ficar rico, ter o suficiente para viver está muito bom para mim.**" Eu acredito que você já tenha ouvido essa frase ou até mesmo já tenha dito isso.

Imagine o Sol dizendo: "**Eu não quero iluminar e aquecer o planeta, quero só dar uma clareadinha que já está bom.**" Se o Sol dissesse isso, certamente grande parte da humanidade seria dizimada.

Imagine a Terra dizendo: "**Eu não quero germinar todas as sementes, apenas algumas já está bom.**" Se a Terra dissesse isso, grande parte da humanidade seria dizimada.

Imagine a água dizendo o mesmo? Ou um médico no plantão da emergência; o chefe de cozinha de um grande refeitório; o agricultor etc., etc.

Se cada um neste mundo, desde os elementos da natureza, animais e seres humanos tomassem a decisão de que somente iriam fazer o mínimo para existir, certamente viveríamos no caos!

"Ops...mas já vivemos no caos Bruno!"

Ah, é verdade, porém, curiosamente, a única espécie que decidiu restringir seus limites foi a humana.

É justamente por isso que vivemos tantos problemas, estamos limitando o nosso poder.

As plantas crescem tudo o que podem crescer, se alastram, se multiplicam. Geram flores, frutas, sementes sem limites!

Assim também é com os animais, assim é com a Terra, assim é com o Sol e com todos os elementos da natureza.

E por isso a vida no mundo é o que é! Cada um vivendo o seu propósito, se expandindo e sendo tudo o que pode ser.

Veja as águas, os peixes, a vida aquática. Os oceanos e mares num espetáculo constante da natureza. Cada ser sendo tudo o que nasceu para ser, vivendo o seu propósito.

Porém, nesse ecossistema, os seres humanos destoam de tudo.

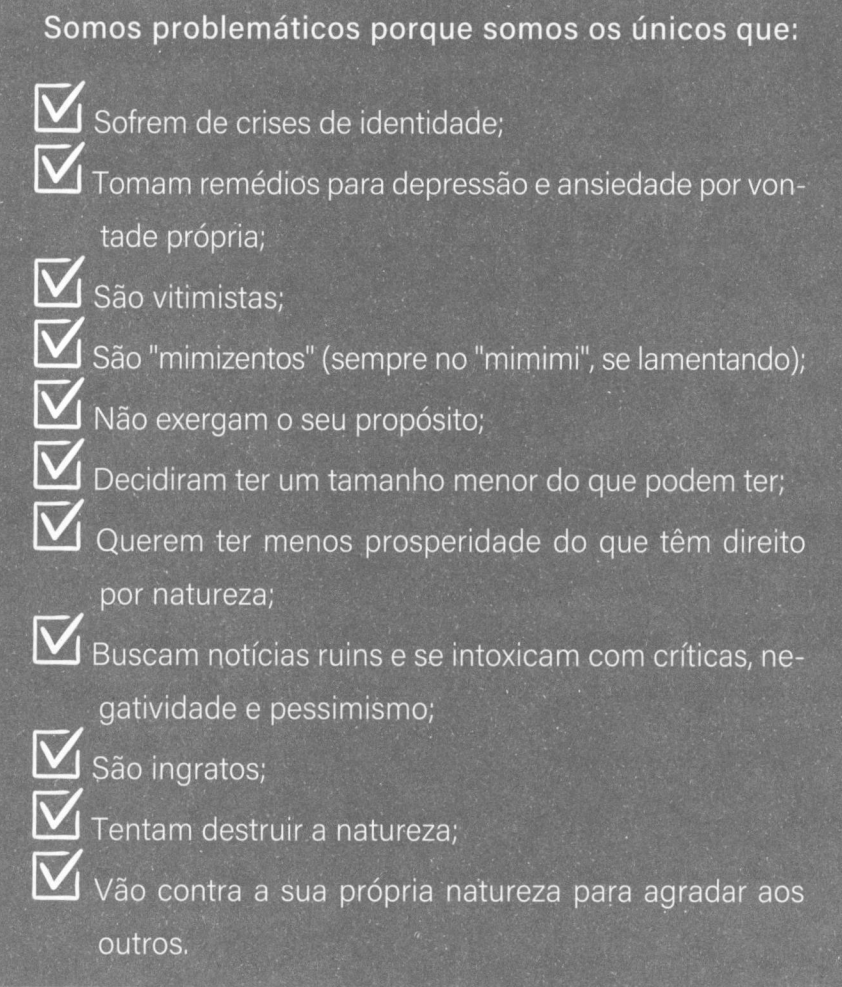

Somos problemáticos porque somos os únicos que:

- ☑ Sofrem de crises de identidade;
- ☑ Tomam remédios para depressão e ansiedade por vontade própria;
- ☑ São vitimistas;
- ☑ São "mimizentos" (sempre no "mimimi", se lamentando);
- ☑ Não exergam o seu propósito;
- ☑ Decidiram ter um tamanho menor do que podem ter;
- ☑ Querem ter menos prosperidade do que têm direito por natureza;
- ☑ Buscam notícias ruins e se intoxicam com críticas, negatividade e pessimismo;
- ☑ São ingratos;
- ☑ Tentam destruir a natureza;
- ☑ Vão contra a sua própria natureza para agradar aos outros.

Eu sei que você quer ser rico, ou talvez você ache que quer ser rico, mas ainda não decidiu direito. Talvez você nem queira ser rico e apenas queira só o suficiente para viver melhor. O meu trabalho aqui é ajudar você a entender que o caminho do enriquecimento tem um fundamento, um simples alicerce:

"Ser tudo o que nasceu para ser e não apenas o que está dando para ser."

Você enriquece quando toma a decisão mais acertada que pode tomar. A decisão começa quando você se faz – e também responde – as seguintes perguntas:

Quem eu seria se fosse tudo o que nasci para ser?

O que eu faria da minha vida se eu fosse tudo o que nasci para ser?

Como seria a minha rotina se eu fosse tudo o que nasci para ser?

Eu conviveria com as mesmas pessoas que convivo se eu fosse tudo o que nasci para ser?

Eu trabalharia com o que trabalho hoje se fosse tudo o que nasci para ser?

Eu moraria no mesmo lugar que moro se eu fosse tudo o que nasci para ser?

Eu teria o mesmo nível de preparo (emocional, mental e profissional) se eu fosse tudo o que nasci para ser?

Que tipo de pessoa eu seria se fosse tudo o que nasci para ser?

Qual seria o meu nível de realização, energia e felicidade se eu fosse tudo o que nasci para ser?

Fácil se fazer essas perguntas? Não!

Fácil responder essas perguntas? Não...

Calma, vamos juntos, as coisas vão se encaixar melhor.

Existe uma prática milenar de cultivo de bonsais. Se trata do plantio de uma árvore grande em um pequeno vaso, e a ideia é fazer a miniatura da mesma espécie. O objetivo da prática é miniaturizar a espécie que se encontra livre na natureza em um pequeno vasinho.

A leitura que eu faço disso é que você pega uma espécie que, por sua natureza, iria crescer incrivelmente e decide atrofiá-la.

É mais ou menos como ver uma criança prodígio, inteligente, esperta, acima da média, não ter oportunidades de evoluir, crescer, estudar e progredir.

Lembro-me de um amigo que tive na adolescência.

Ele era um gênio, porém, por motivos que eu não sei explicar, permitiu que a vida o podasse, e aquele tamanho estrondoso que vinha de dentro dele ficou limitado e fraco.

Quando o bonsai fica dentro do vasinho, ele é todo podado e controlado para não crescer, além disso, qualquer descuido faz com que a planta morra. É uma cultura muito difícil e delicada.

Sabe por que o cultivo do bonsai é tão difícil e exige tanta perícia?

É simples: uma árvore não nasceu para ficar num pequeno vasinho. Isso vai contra a natureza da vida, contra as leis naturais.

Por mais que seja uma cultura milenar e que aparentemente tenha uma beleza e um charme também antigos, na prática, limitar a expansão de qualquer espécie pode gerar efeitos colaterais.

Por outro lado, veja a seguinte situação: fui viajar no final do ano de 2016, e alguns dias antes da minha partida eu plantei uma muda de hortelã no meu jardim. Voltei da viagem aproximadamente 15 dias depois.

Adivinha o que aconteceu?

A hortelã se alastrou, cresceu, se expandiu por todo o jardim. Eu fiquei olhando aquela erva cheirosa, bem verdinha e "superfeliz" ali no meu jardim.

Juro, fiquei ali parado, vidrado, olhando para a planta. Se alguém de fora me visse olhando daquele jeito para uma erva, certamente iria achar que eu estava maluco. Eu não conseguia parar de olhar porque entrei numa reflexão muito profunda.

"É isso, é isso, é isso", eu disse.

"É isso o que?", respondeu a Aline, minha esposa, assustada.

"Eu entendi agora... Eu entendi... É o segredo da hortelã que explica tudo."

A Aline começou a rir e me deixou pular feliz de tanta alegria.

A verdade é que naquele momento eu entendi: a hortelã estava sendo tudo o que nasceu para ser. Estava se expandido ao máximo, sendo ela mesma, vivendo a sua essência e o seu propósito.

Enquanto isso, todas as pessoas que sofrem no mundo com a escassez, com a falta de prosperidade, a falta de dinheiro e a infelicidade, são como um bonsai. Elas são espécies incríveis, que nasceram para ser enormes, porém estão atrofiadas dentro de um pequeno vaso, limitadas e delicadas, que com qualquer descuido podem ficar doentes.

Na vida real, entenda o pequeno vaso como sendo as limitações que se apresentam, os paradigmas, a escassosfera (atmosfera psíquica, portanto invisível, de escassez, pobreza, culpas, limitações e negativismo).

E entenda a extrema sensibilidade como sendo a consequência de estarmos desalinhados dos nossos sonhos, da nossa verdadeira essência, de nossos princípios e, principalmente, do nosso propósito de vida.

Todo ser humano que vive distante do seu real propósito de vida perde brilho, resiliência, criatividade e o encanto pela vida.

> E você, o que quer ser?
> Quer ser um bonsai e ter
> seu poder miniaturizado?
> Ou quer ser um hortelã
> de jardim e se expandir,
> brilhar e ser tudo o
> que nasceu para ser?

Eu sou hortelã!

Esse é um mantra que criamos na internet e que logo se alastrou (feito a própria hortelã), entre as pessoas que entenderam esse conceito e que, desde então, estão empenhadas em ser tudo o que nasceram para ser.

Você pode buscar apenas o dinheiro, e eu sei que ele é bom, é incrível, é abençoado. Porém eu escrevi este livro para que você encontre o dinheiro, seja feliz, saudável, livre e que tenha brilho nos seus olhos por estar vivendo o seu propósito.

Eu quero que você seja a mais linda espécie em expansão. Eu desejo que você seja como o Sol, que brilha o máximo de seu poder. Eu quero que você seja como a Terra, que produz tudo o que é plantado.

#souhortela
(Sou tudo o que nasci para ser.)

Eu criei o *checklist* para ficar rico como um guia rápido de ações que trazem transformações impactantes para a sua vida, porém eu destaco dois poderes entre cada um dos itens desse *checklist*:

Poder número 1

Ajudar a aumentar a sua quantidade de dinheiro.

Poder número 2

Ajudar você a ser tudo o que nasceu para ser e brilhar na sua jornada.

Prometo que a lista sugerida vai lhe trazer resultados rápidos, e quanto mais você incluí-la na sua rotina, mais a prosperidade vai brilhar na sua vida.

Brilhaaaaaa Prosperidade!

QUASE MORRI DE RAIVA E FIQUEI RICO

Era um dia de semana qualquer, eu ainda sentia dores pelo corpo, pois fazia pouco mais de 100 dias que tinha sofrido um grave acidente de carro do qual milagrosamente saí vivo.

Eu não tinha como negar, era um milagre, era um presente dos céus me dando a chance de continuar a viver. Porém, apesar de estar muito grato pela vida, nem a dor do esterno fraturado era tão forte quanto a dor do orgulho ferido.

Eu já era terapeuta há pelo menos quatro anos, já tinha contabilizado casos incríveis em que ajudei pessoas a se transformarem contra vícios, divórcios complicados, conflitos de família, ideias suicidas, doenças graves, conquistas e muito mais.

A vida no consultório era muito gratificante. No entanto, eu me sentia humilhado, com raiva e com a autoestima mais riscada que porta de banheiro público.

Eu me sentia um lixo, porque não tinha dinheiro para nada. A conta do hospital tinha sido paga pelos meus pais. Os 90 dias de recuperação (havia um período mínimo para que eu pudesse voltar para casa) fiquei morando de favor na casa de meus amigos (e atualmente sócios) Paulo Henrique e Patrícia.

O meu carro destruído no acidente teve o seguro negado (e até hoje não sei o real motivo).

Meu irmão me ajudou financeiramente para que eu conseguisse comprar um novo carro e então poder seguir trabalhando, pois naquela época viajávamos muito ministrando cursos e palestras, prioritariamente na região Sul.

Eu era químico formado e com boa experiência no segmento que atuava. Nunca tive problemas de colocação profissional, sempre tive um ótimo salário e sempre evolui em cada empresa que trabalhei. Porém quando

senti o chamado para ser terapeuta, não fazia ideia de como gerir meu dinheiro e como organizar minhas finanças.

Não fazia ideia de que era um poço de crenças limitantes e por isso não sabia cobrar direito pelos meus serviços.

Então é claro que a minha vida ruiu. É claro que a conta veio, né?

Trabalhei durante quatro anos de forma equivocada do ponto de vista financeiro. Não por gastar muito, mas por não saber cobrar, não saber vender, ter medo de fazer a coisa errada com o dinheiro.

Cansei de atender pessoas no consultório e, depois de uma hora e meia de trabalho, me sentir compadecido do problema do meu consultante e então fazer a coisa mais errada que já fiz centena de vezes: não cobrar!

Em alguns casos, além de não cobrar, eu também dava o dinheiro do "busão".

O dinheiro não suporta idiotas. Pessoas que tratam o dinheiro com descaso costumam sofrer.

Eu não estava ajudando aquelas pessoas. Eu achei que era lindo o que eu fazia, mas não era.

Mas não vai achando que eu entendi isso logo depois do acidente, viu?

Só fui entender isso muitos anos mais tarde.

Então, voltando à história, era um dia de semana qualquer, já fazia mais de 100 dias do acidente, e eu estava voltando para minha casa, pois já podia me virar sozinho.

Porém, precisava ir ao mercado fazer compras. Eu não tinha dinheiro. Precisava pagar o aluguel da casa. Eu não tinha dinheiro.

Quando voltei para a minha rotina, comecei a entrar em contato com mais de três meses de vida parada e os custos de tudo isso.

De repente, eu surtei. Num misto de raiva, fúria e dor, me ajoelhei no chão e comecei a chorar. Enquanto chorava, conversava com Deus.

Olha, não vai me julgar pela forma como eu converso com Deus, tá? (Acho um pouco impossível, mas achei melhor lhe pedir isso.)

"Porra Pai, que merda é essa? Eu devo ser um filho da puta desgraçado mesmo? Eu devo estar fazendo só cagada, né? Puta que pariu... Como pode a minha vida estar tão fodida? Pelo amor de Deus, Deus! Eu preciso de ajuda, cara! Eu preciso do caminho, cara! Se eu sou um imbecil, me ensina a deixar de ser imbecil! Que merda de pessoa que eu sou? Todos falam que o meu trabalho é lindo, mas eu não tenho dinheiro para ir ao mercado! Eu devo ser um merda mesmo! Como pode isso? Me ensina, me mostra!"

Depois de alguns minutos de choro... "Deus, eu te prometo, que eu vou aprender o que for preciso para enriquecer, nem que seja a última coisa que eu faça na vida.

Mais alguns minutos de choro, falei: "Só te peço, Pai: me mostra o caminho. Me ensina; me corrige; me faz merecer a sua ajuda".

Talvez muitos não entendam o meu jeito, talvez você já tenha rezado assim, talvez esteja achando isso uma loucura.

Leve em consideração que eu estava em total desespero.

Porém, saiba que não são as palavras que importam, mas a energia que você invoca numa oração. E eu invoquei a mais forte e sincera das intenções. E fui ouvido.

Eu realmente já dediquei algum tempo da minha vida para estudar o poder da oração, porque eu realmente acredito nesse recurso. Inclusive, recomendo que você leia o livro que escrevi especificamente sobre o tema: *A Oração mais Poderosa de Todos os Tempos*.

E eu digo que fui ouvido naquela oração, porque alguns dias depois eu entendi a resposta. Eu atendi uma pessoa no meu consultório que me surpreendeu.

Ele me surpreendeu tanto, mas tanto, que senti até vergonha de cobrar pela consulta dele.

Eu até quis fazer de graça o atendimento, mas ele não aceitou (veja aqui de novo o mesmo padrão de não cobrar).

Vou explicar porque eu me senti mal em cobrar a consulta dele. É que ele me deu uma lição que foi o passo fundamental da mudança de toda a minha vida. No final da sessão de terapia, esse homem me disse: "Bruno, você pode ter tudo o que você quiser. Tudo! Você realmente pode ter tudo!"

Ele também me disse: **"Se você seguir essas pistas aqui, e depois fizer exatamente o que eu disser para você fazer, você poderá ter tudo o que você quiser."**

Eu ouvi o que ele disse, fiz cara de empolgado, mas você sabe, eu não acreditava muito naquilo. Mas depois de conversar com ele por um tempo, eu acreditei que ele acreditava. Era só olhar para ele e ver!

Ele acreditava com 100% de certeza que ele era capaz de ter o que ele quisesse. Além disso, ele estava feliz, era saudável e era rico.

Já eu? Eu estava me recuperando de um acidente, estava falido e infeliz, desesperado por um novo rumo.

Só que eu não tinha conhecimento sobre como ganhar dinheiro em negócios e também não tinha nenhuma graduação formal nessa direção. Eu eu falei isso para ele: "Não tenho estudo formal para aprender ganhar dinheiro do jeito certo".

Ele me disse: **"Isso não importa, Bruno. O que aconteceu no passado é passado, esquece. O que acontece no futuro é baseado nas decisões que você toma agora".**

E ele ainda completou: **"Eu sei como GANHAR dinheiro, sei como ser feliz e sei como me manter saudável e motivado. Se você fizer exatamente o que eu lhe digo, a sua vida vai mudar".**

Fiquei chocado, sem palavras, porque eu saquei naquele exato momento que ele era uma resposta para a minha oração.

Então ele foi embora e, depois que ele saiu, eu fiquei mais de uma hora sentado numa poltroninha amarela que tinha na minha sala. Fiquei olhando para o céu, com o olhar longe, o tempo foi passando, fui vendo a noite cair, e mesmo assim não conseguia sair daquela posição na poltrona amarela.

E sabe de uma coisa?

Eu segui as pistas que ele me falou, mas na raça, no esforço mesmo! Não vai achando que ele me deu tudo mastigadinho não, tá?

Até hoje tem uma ou outra coisinha que ele me disse que eu não sei se entendi direito.

Então, dois anos depois, eu multipliquei minha renda. Eu sei que você vai rir, porque multiplicar algo que é muito pouco é mais fácil, né?

Contudo, quatro anos depois, multipliquei de novo!

E segui crescendo e crescendo.

Na verdade, a minha vida mudou muito quando tomei uma decisão sobre uma coisa.

Daquele ponto em diante eu teria um mentor, uma espécie de *coach*, ou orientador profissional. E decidi que eu sempre escolheria alguém que soubesse fazer o que eu queria fazer, que já soubesse conquistar o que eu quisesse conquistar.

Então, depois de ter certeza de ter escolhido o mentor correto eu faria exatamente o que ele me dissesse.

Foi o que eu fiz. E é o que eu e meus sócios temos feito há mais de 10 anos.

Seguimos as orientações de nossos mentores experts que já sabem como chegar onde ainda não chegamos.

Ouvimos seus conselhos e seguimos suas orientações.

Vou lhe contar outra coisa...

Pouco tempo depois daquele encontro na sala de terapia, um dia eu sentei e peguei uma caneta e um pequeno caderno. Nele eu escrevi:

☑ Vou montar uma empresa que fala em todo o mundo e que é um símbolo de empresa dos novos tempos.

☑ Vou ganhar dinheiro dormindo.

☑ Vou ganhar dinheiro ajudando pessoas a sair da depressão e das crises, das tendências suicidas, dos conflitos e da escassez.

☑ Vou prosperar ajudando outras milhares de pessoas a prosperar também. Vou ficar rico ajudando a fazer mais ricos no mundo.

☑ Vou ser escrito e ter livros nos rankings dos mais vendidos.

☑ Vou ter produtos inéditos no mundo.

☑ Vou ter muitas fontes de renda.

☑ Vou fazer tudo isso de forma ética, íntegra e sustentável.

E acredite, é isto que temos hoje:

👉 O Grupo Luz da Serra, a empresa que fundei com meus sócios, tem mais de 115.528 alunos em mais de 31 países, além do Brasil.

O estilo de gestão e os princípios que usamos são referência no Brasil, tanto que fomos escolhidos pelo prêmio *Great Place to Work* como a melhor empresa para se trabalhar na Serra Gaúcha e a segunda melhor empresa para ser trabalhar no Rio Grande do Sul.

Eu realmente ganho dinheiro dormindo hoje em dia, porque tenho múltiplas fontes de renda. Enquanto durmo, algum dinheiro está entrando na minha conta. Neste exato momento, um dos nossos negócios está nos trazendo dinheiro, enquanto ajuda pessoas pelo globo.

Todos os dias ajudamos pessoas a enriquecer por meio dos livros, do canal do YouTube e dos nossos programas de mentoria de prosperidade. E antes que você me pergunte, a esmagadora maioria das campanhas de incentivo ao enriquecimento que fazemos são gratuitas.

De 2018 a 2019, criamos o maior e mais completo conteúdo empilhado e gratuito de prosperidade do mundo pela internet com as séries *Maratona da Riqueza*, *Mestres da Prosperidade* e *Destrave a sua Vida* (e continuamos fazendo desde então).

Brilha prosperidade, anunciei a venda da minha TV e vendeu em menos de um dia.
Além de conseguir um curso de graça que alavancou meu negócio.
Uma oportunidade de emprego. E saiu um processo que estava esperando a muito tempo.
Gratidão Bruno e Pati.
Por ensinar o aura mind, o dinheiro magnético, pela semana dos mestres da prosperidade e pela maratona da riqueza.
Estou praticando todos os dias os exercícios.

O trabalho de vocês é simplesmente sensacional! Amei ter participado da Maratona da Riqueza. Ontem eu, minha mãe e meu pai compramos o pacote da prosperosfera e do aura money.
E hoje, há pouco mais de 15 min, inesperadamente apareceu um cliente meu aqui na empresa onde trabalho, solicitando uma compra no valor de R$10.000,00.
Além disso, na terça-feira fiz uma venda no valor de R$2.800,00.
Estou há quase um ano na empresa e isso nunca havia acontecido.

Muito obrigado por esse trabalho espetacular que vocês realizam!
Brilha prosperidade!! ✨✨

Como escritor já estive diversas vezes entre os mais vendidos da Revista Veja.

 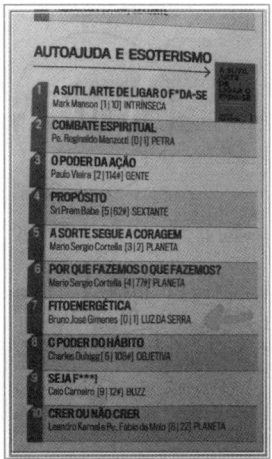 

E eu criei do zero, e a Patrícia Cândido me ajudou a viabilizar e conduzir, a Fitoenergética, um sistema inédito no mundo de terapia natural revolucionária com a energia das plantas que já tratou casos que a medicina clássica achava incuráveis.

Eu criei do zero, e mais uma vez minha sócia me ajudou a organizar, viabilizar e conduzir, o Aura Master, uma técnica absurdamente eficaz na reprogramação mental, limpeza de memória negativas e crenças limitantes.

**Isso é só uma parte das nossas conquistas.
Se eu consegui, você também pode.**

Você pode destravar a sua vida e ser tudo o que nasceu para ser, ter a prosperidade, a saúde, a autoestima, as realizações que merece.

Você só precisa seguir os passos certos, com os mentores certos. E isso não é nada impossível!

Vou mostrar dicas muito poderosas de como você pode criar o seu caminho de enriquecimento e de expansão.

A evolução é o movimento natural do Universo! Se você planta ervas no seu jardim, elas vão se alastrar sem medo e sem limites. Lembre-se sempre disso!

Porém é importante você saber, se algo não está crescendo, então está morrendo! Sim, não se iluda! Se algo não está crescendo, é porque está morrendo.

E para crescer é preciso mudar. Você precisa mudar o seu paradigma, que é o seu conjunto de crenças que têm o poder de lhe transformar em um bonsai.

Se você mudar seu paradigma, ou seja, se você sair dessa miniaturização do seu poder, você vai se transformar.

Bem, você *precisa saber duas coisas básicas* se quiser criar riqueza na sua vida, destravar tudo e ser quem você nasceu para ser.

Não é nem um pouco difícil, qualquer um saberá fazer.

Você só tem que saber:

> **PRIMEIRO: Onde você está?**
>
> **SEGUNDO: Onde quer chegar?**

E então, você deve se mover na direção correta. Isso é tão simples! Isso é tão óbvio, não é?

Se é tão simples, porque tantas pessoas estão estagnadas? Produzindo resultados fracos, medíocres, anos após ano?

Você pode dizer que é por elas não terem metas, não terem objetivos firmes. Ou por influência do governo, da economia, algo assim.

Essa pode ser a resposta mais óbvia, porém não é!

O verdadeiro motivo é a "**Virose Emocional**". Você declara que quer algo, mas o seu programa mental inconsciente quer outra coisa, mesmo que você não perceba. Em outras palavras, seus paradigmas estão controlando a sua vibração e por isso controlam a sua vida.

Lembre-se, seu paradigma é o seu vasinho que lhe miniaturiza.

Por que tem tanta gente graduada, que se esforçou demais para bancar uma universidade, sem ter trabalho, sem uma renda digna?

Como pode ter tanto conhecimento e não encontrar trabalho?

Eu estou aqui para lhe dizendo o PORQUÊ.
O vasinho é o problema.

Se o seu paradigma não mudar, os resultados serão os mesmos ano após ano.

Grave isto na sua mente: **SE O PARADIGMA VELHO CONTINUAR NO CONTROLE, NADA MUDARÁ, PORQUE VOCÊ ESTARÁ VIVENDO MINIATURIZADO.**

NÃO importa o quanto você trabalhe e se dedique, se o seu paradigma não mudar, nem todo o esforço do mundo e nem todo o conhecimento em outras áreas vai resolver. Se esse padrão não mudar, você está "ralado".

Não adianta ter faculdades mentais extraordinárias ou até mesmo graduações poderosas. Você pode tentar o que quiser para mudar a sua vida, mas se o paradigma não mudar, nada se resolve.

É por isso que você já fez muitas coisas e mesmo assim não obteve o resultado que sonhava, porque não mudou esse padrão.

E foi pensando nisso que eu preparei um manual poderoso para você, que consiste em várias técnicas, dicas e receitas práticas, não apenas para atrair o dinheiro, as oportunidades e a condição que você merece.

Esse manual também vai lhe mostrar uma valiosa lista de tarefas que, dia após dia, passo a passo, vão destruir de vez o vasinho miniaturizado do seu tamanho.

👉 Você nasceu para ser tudo o que pode ser.

A pergunta cuja resposta certa lhe deixará rico

Naquela mesma fase da minha vida em que eu estava questionando tudo e querendo entender a resposta do porque eu não tinha prosperidade, num determinado momento eu me fiz a pergunta que mudou tudo. A pergunta foi:

"O que é aquela coisa, aquela ideia, aquilo que eu não conheço, que se eu fizer vai me garantir que um dia eu ficarei rico?"

Eu encontrei a resposta, sabia?

Primeiro eu mesmo usei a resposta para enriquecer.

Então, depois disso, eu decidi usar o conteúdo dessa resposta para ajudar você a enriquecer também.

A resposta é o seguinte:

Existe um *checklist* para ficar rico. Uma lista de temas que você deve ter atenção.

Eu vou lhe mostrar uma lista, você executa, testa, realiza e enriquece. E o melhor, você não vai experimentar a riqueza vazia, ao contrário, você será tudo o que nasceu para ser, vai expandir a sua essência e a luz que você tem será dividida com o mundo.

Passo 01

DESCUBRA AS MOTIVAÇÕES CERTAS PARA ENRIQUECER

Você já se perguntou por que algumas pessoas enriquecem e outras não? Já quis saber por que, apesar dos seus esforços, você não consegue ter mais dinheiro?

Eu sei a resposta e vou lhe dizer agora, mas você precisa estar com todos os seus sentidos atentos e o coração aberto para compreender.

Você não enriquece porque, até hoje, esse foi um propósito fraco na sua vida. Você até gostaria de elevar o seu nível financeiro, mas não consegue pagar o preço necessário.

Se você quiser enriquecer de verdade, precisa tornar isso um propósito inabalável!

Mas o que é um propósito inabalável? É algo que você coloca na cabeça e não tira, independentemente do que aconteça. Quando você tem um propósito inabalável, não precisa da aprovação dos outros, nem mesmo das pessoas que ama. Você aguenta todas as críticas e não se importa se elas não entendem, porque você acredita nisso!

Agora, para criar um propósito inabalável assim, é preciso ter as motivações certas, aquelas que vão fazer você agir.

Em 2006, enquanto eu escrevia o livro *Decisões: Encontrando a sua missão de vida*, estava atendendo muito em consultório e costumava pedir autorização aos meus pacientes para gravar as consultas, para eu mesmo ouvir depois. Em uma dessas gravações, algo me chocou e nunca mais esqueci. Uma pessoa tinha como meta trocar de carro. Sabe para quê? Para mostrar a nova aquisição ao vizinho e aos colegas de faculdade, para que vissem o seu sucesso. Ou seja, era uma busca material para saciar o ego.

Esse é um exemplo de motivação errada. E isso é muito mais comum do que se pensa. Na maioria das vezes, nós queremos dinheiro e prosperidade para coisas tolas.

Você vai encontrar a motivação certa quando conseguir dominar o seu ego. Só assim saberá o que é realmente importante para você e poderá buscar caminhos para obter o que deseja.

Talvez você esteja pensando que não é tão simples assim, mas, na verdade, é sim. **Você só precisa entender que dinheiro é liberdade, que prosperidade é fluxo e que todos nós nascemos ricos em essência e como seres humanos.**

Tudo na natureza é abundante. Uma planta se alastra e cresce. Uma árvore dá frutos para mais de uma família. Por que conosco seria diferente? Fomos nós, com nossa ideia de propriedade, que nos afastamos disso. E agora precisamos exercitar novamente a abundância. Então, se você tem um pé de alguma fruta em casa, uma boa forma de começar é, em vez de deixá-las estragarem, distribuí-las ou fazer algo com elas, algum tipo de doce, por exemplo, e oferecer aos parentes e vizinhos. Afinal, se quisermos a abundância em nossa vida, temos que nos alinhar a ela.

Temos que eliminar nossos pensamentos de escassez e, para isso, precisamos, antes de tudo, limpar as crenças que nos impedem de tornar a riqueza um propósito inabalável.

Essas crenças são aquelas vozes internas que ficam lhe dizendo que "sonhar com dinheiro é bobagem e o que importa mesmo é ter saúde" (Quem disse que não é possível ter as duas coisas?). Ou então que "prosperidade não interessa, porque não se leva dinheiro para o céu". Aliás, "os ricos nem entram no reino dos céus", não é? Eu sei que você passou a vida ouvindo esse tipo de coisa, mas isso tudo é bobagem!

O dinheiro não torna ninguém ruim. Ele só potencializa quem a pessoa já é. Se uma pessoa tem caráter ruim, o dinheiro vai mostrar mais disso. Mas também existe muita gente de má índole que não tem dinheiro algum. Por outro lado, existem muitas pessoas boas com dinheiro que o utilizam para espalhar o bem pelo mundo. O dinheiro não muda as pessoas, ele só revela quem elas realmente são!

Então, se você ainda tem essa e outras crenças sobre dinheiro, precisa se livrar delas urgentemente. Mas só é possível se livrar daquilo que se conhece. Por isso, agora quero que você ouça as suas vozes internas. Vamos fazer um exercício!

Leia com atenção as duas frases a seguir:

1. Seja rico e queira ser rico.
2. Prosperar é bom!

O que passa pela sua cabeça ao ler essas frases? O que as suas vozes internas lhe dizem sobre isso? Preste atenção a todos os pensamentos que lhe ocorrem e anote-os.

Se você tem vozes internas que ficam aí na sua cabeça falando contra os pensamentos de riqueza, pode ter certeza de que são elas que estão lhe bloqueando. Elas são o seu maior inimigo. Entenda: não tem problema nenhum você ter inimigos. O problema é não saber quem eles são e como atuam.

As vozes internas que enfraquecem a ideia de que enriquecer é bom são muito sutis, mas são elas que impedem você de encontrar as motivações certas para tornar a riqueza um propósito inabalável.

Fique atento às suas vozes, para não deixar que elas abalem o seu propósito!

Não é mágica, não. É matemática! Tire as crenças limitantes e comece a colocar as motivações corretas, você terá um resultado agradabilíssimo que se chama prosperidade.

Passo
02

PRATIQUE O PODER DO "EU POSSO"

A riqueza acontece em dois níveis: *físico e extrafísico*. Para a prosperidade física se manifestar, ou seja, para o dinheiro e os bens materiais começarem a surgir, são necessárias algumas ações e um pouco de tempo.

Mas, para a riqueza extrafísica se manifestar, basta uma mudança de consciência e logo você vai começar a ver beleza, esplendor, leveza, amizade e amor em tudo que encontrar. É uma questão de estado vibracional.

O que determina o seu estado vibracional são os seus sentimentos, e o que desperta os sentimentos em você são os seus pensamentos. Quando você pensa de forma negativa e não se sente capaz, cria ondas de vibração que se conectam a isso. **Entenda: o Universo sempre responde à sua vibração.**

Agora me diga: Quantas vezes você já quis alguma coisa, mas lá no fundo uma vozinha dizia "Isso não é para o meu bico", "Eu não tenho essa sorte", "Não vou conseguir"?

Isso é muito mais comum do que você imagina. Infelizmente, quando paramos e observamos, vemos que a grande maioria das pessoas não pensa. Elas apenas repetem pensamentos que são, em sua maior parte, lembranças do passado. Quem foi que disse que você não consegue, que não tem sorte e que as coisas boas não são para o seu bico?

Eu quero que, a partir de agora, você apenas pare de lembrar das coisas que foram implantadas na sua cabeça e comece a construir novos pensamentos com base numa nova programação, e não na sua programação antiga, que é carregada com 70% de negatividade.

Essa programação ou paradigma – o conjunto de crenças – foi construída durante a infância e a adolescência (até, mais ou menos, os 12 anos de idade). Nessa fase da vida ainda não pensamos de forma independente, apenas repetimos os pensamentos dos outros. Assim, a maioria das coisas que assumimos como verdade não foi concluída por nós mesmos. Elas são uma repetição das mentes das pessoas mais próximas de nós durante a nossa formação.

Recentemente li uma pesquisa em Psicologia que dizia que 70% das crenças e paradigmas criados até a adolescência são negativos, desempoderadores, limitantes e carregados de medo. Isso faz com que, em nosso dia a dia, tenhamos sempre a sensação enganosa de que "tal coisa não é para mim".

Quando você acredita que alguma coisa não é para você, é como se dissesse para a Lei da Atração que não merece e não tem direito a isso. Essa intenção fica gravada na sua vibração – e o Universo responde trazendo mais do mesmo.

Então, só diga "isso não é para mim" quando se tratar de algo negativo, como se lhe oferecessem drogas ou qualquer coisa fora da lei. Nesses casos, sim, você deve dizer "isso não é para mim".

Mas, quando se trata de leveza, sofisticação, satisfação e abundância, diga sempre "eu posso", "eu sou digno", "eu tenho direito", "isso me agrada" e "eu posso mais". Se você quer ter um carro conversível ou uma cobertura na praia, por exemplo, diga que pode, que merece e que isso o agrada. Pergunte como pode ter isso ou como pode fazer isso acontecer.

Todos nós somos regidos pelas mesmas leis naturais, e o que elas nos dizem é que **o nível de merecimento que temos é exatamente aquele que nos damos.**

Assim, para a riqueza começar a entrar na sua vida, você precisa mudar o nível de merecimento que dá a si mesmo. Você precisa mudar as suas palavras e, junto com elas, mudar o que sente e como vibra.

Vamos fazer um exercício: pense em alguma coisa que você quer muito. O carro dos seus sonhos, aquela viagem que sempre quis fazer, um emprego melhor, um relacionamento bacana. Pode ser algo material ou não. Agora diga em voz alta:

"Eu posso. Eu mereço. Eu sou digno."

Essas palavras vibram positivamente e anulam as ondas contrárias. De maneira bem leve, repita agora: **"Eu posso. Eu mereço. Eu sou digno."**

No começo pode parecer meio falso, meio mecânico, como um robô repetindo as palavras. Não estranhe e nem se culpe por isso. Com o tempo você vai se acostumar com esse novo padrão vibracional, e isso vai mudar o seu nível de merecimento.

Outra coisa que pode comprometer seu nível de merecimento é se sentir diminuído ao olhar para outra pessoa e ver tudo o que ela tem, tudo o que conquistou. Quando isso acontecer, não se deixe levar de volta ao padrão antigo, não se permita pensar que você não merece aquilo também. Em vez disso, diga: "Eu tenho direito a isso, pois sou filho do mesmo Criador". No exato momento em que diz essas palavras, a escassez acaba. Note que você não está desejando o mal da pessoa, não a está invejando e nem sentindo ciúmes. Você simplesmente está reconhecendo que também tem direito, que você pode, merece e é digno, pois é filho do mesmo Criador.

Quando consegue mudar o seu padrão de merecimento, você pode ajudar outras pessoas a mudarem o delas também. Sempre que ouvir alguém dizendo que nunca vai ter alguma coisa, olhe para essa pessoa e diga: **"Não, você pode, merece e é digno disso, pois é filho do mesmo Criador."**

Você deve trazer essas palavras para a sua rotina, repeti-las dia após dia, como um mantra. A propósito, você sabe o que significa a palavra mantra, pela sua morfologia? "Man" significa mente, e "tra" é controle. Ou seja, controle da mente.

As palavras que você repete, os seus mantras, controlam a sua mente por meio do alinhamento das ondas mentais. São as ondas mentais que determinam a sua vibração e, como você já sabe, é à sua vibração que o Universo responde, trazendo infelicidade e escassez ou felicidade e dinheiro.

Se hoje você não tem a vida que gostaria de ter, preste atenção nas suas palavras e comece a trazer para a sua vida o mantra "Eu posso, eu mereço, eu sou digno, tenho direito, pois sou filho do mesmo Criador". Essas palavras de impacto positivo farão toda a diferença.

Comece a substituir a ideia de que algo não é para você. Encha seu palavreado com essas frases e perguntas, todos os dias. E preste muita atenção nisso, pois é com as pequenas palavras do dia a dia que você joga longe a chance de conquistar coisas incríveis. Está na hora de reprogramar esses paradigmas!

"Eu posso, eu mereço, eu sou digno, tenho direito, pois sou filho do mesmo Criador".

Passo 03

APRENDA A INSTALAR NOVOS HÁBITOS DE RIQUEZA

Recentemente fiquei um mês estudando inglês no Canadá. Nesse período, tive muita dificuldade para dormir e não estava entendo por que. Depois de uns dias, compreendi que, por estar estudando tanta coisa nova, em um lugar diferente, meu cérebro estava confuso.

Os especialistas dizem que nosso cérebro consome entre 60% e 80% do total da energia do corpo. Por isso, sempre que pensamos muito ou nos estressamos, chegamos ao fim do dia com a sensação de que estamos destruídos.

Era isso que estava acontecendo comigo. Meu cérebro estava cansado de tanto gastar energia. Eu chegava em casa exausto, mas não conseguia dormir, porque meu cérebro não desligava, tentando criar novas programações, conexões neurais e rotinas.

É isso que o cérebro faz: ele cria rotinas para poupar energia.

Por isso é tão difícil estabelecer novos hábitos – porque isso dá trabalho ao cérebro. Sempre que você tenta uma atitude nova, ele cansa. Ele sempre vai tentar proteger você do gasto de energia necessário para criar novas rotinas.

Mas, a partir do momento em que você persiste e fica repetindo sua nova atitude, seu cérebro começa a entender que essa é a nova programação a seguir, então ele relaxa e já pode voltar a poupar energia.

Foi assim que percebi que existe um jeito simples de você enganar o seu cérebro para que a mudança fique mais leve. Espero que você preste atenção agora. Mudar hábitos não é simples, mas tenho conseguido mudar hábitos ruins com uma estratégia que criei e chamei de

"Tríade da mudança de hábito".

Primeiro ponto: Você precisa ser criativo para tornar a mudança divertida. Tem que achar alegria e leveza no que está fazendo.

Segundo ponto: Você precisa ter clareza do que precisa fazer, traçar um plano de ação.

Terceiro ponto: Você deve encaixar o novo hábito na sua rotina. Se o novo comportamento for muito diferente do grande conjunto de hábitos que você já tem, fica muito mais fácil você se boicotar. Por outro lado, quando você coloca um novo hábito no meio de uma rotina mais forte, mais cristalizada, com naturalidade, como se ele já fosse parte do seu dia a dia, fica mais fácil para o seu cérebro aceitá-lo.

É assim que você engana seu cérebro para fazer uma grande mudança na sua vida.

O seu estudo sobre a riqueza é um novo hábito que você deve instalar. Por isso, você precisa ter criatividade para torná-lo divertido, precisa ter clareza do que deve fazer e precisa encaixar isso na sua rotina. Você vai ver que, com o tempo, vai se divertir aprendendo sobre o assunto.

Passo 04

ELIMINE A LEALDADE TÓXICA

Algumas pessoas dizem que fazem de tudo, mas mesmo assim a vida delas não muda. O fato é que elas estão fazendo de tudo trancadas numa sala, entre quatro paredes. Elas estudam, mas não se transformam, porque a transformação não vem do estudo, e sim de aplicar o que aprendeu na sua vida e começar a agir de forma diferente. Agir de forma diferente, muitas vezes, exige que você analise os grupos que frequenta.

Calma. Não estou dizendo que você precisa passar pela vida como um lobo solitário. Eu mesmo sou uma pessoa de tribos, de grupos. Quando encontro os meus grupos, faço tudo por eles. Isso pode ser muito bom. Mas também pode ser um perigo.

Tudo vai depender dos grupos em que andamos. Às vezes, as tribos em que estamos não nos fazem bem.

Alguns grupos são de risco, são negativos, completamente influenciados pelo complô **Religião, Política e Remédios (RPR), que controla a vida da maioria das pessoas. Esses grupos não estimulam você a mudar.** Pelo contrário, eles estimulam coisas ruins, que atrapalham a elevação do seu nível financeiro.

Mas nós somos humanos, somos seres sociais e temos a necessidade de pertencer. Somos leais aos grupos e tribos. Quando estamos na tribo errada, a nossa lealdade pode se revelar assustadora e manipulativa, uma lealdade tóxica. E, infelizmente, é difícil percebermos isso.

Neste exato momento, é provável que você conviva com alguns grupos – uns mais novos, alguns mais antigos e outros que já existiam antes mesmo de você nascer – que não estão prontos para o seu sucesso.

O processo é sempre o mesmo: você começa a mudar e aí as pessoas passam a criticá-lo e colocá-lo para baixo. E o pior é que quem faz isso são justamente as pessoas que mais lhe amam. Elas simplesmente não estão prontas. O seu sucesso as ofende. Essas mudanças que você está fazendo, de certa formam, tiram as pessoas da zona de conforto. **A sua luz mostra a escuridão delas.**

E o que você faz então? Você acaba escondendo a sua luz para ser aceito, para evitar o conflito com as pessoas que ama e com quem convive. Você cede, abre mão dos seus sonhos e ofusca seus desejos para se sentir aceito e amado. **Esse é o preço da aceitação. Um preço bem alto, aliás.**

Por exemplo, se na sua família todos têm uma renda média de 1x, e você começa a ganhar 10x, você se distancia da realidade desse grupo. É aí que surge a autossabotagem, para que os seus 10x passem a ser 1x também.

Essa lealdade aos grupos, essa busca por pertencimento, é natural do ser humano. É algo intrínseco a nós. O ser humano é viciado nisso. E é por isso que, muitas vezes, nos sabotamos.

É pelo grupo que muitas pessoas preferem deixar de buscar o sucesso, seja na área que for, assim não afetam as outras pessoas e não perdem sua aprovação. E isso é um crime. Então, preste atenção à lealdade tóxica e se pergunte agora: **em que área da minha vida estou abrindo mão dos meus sonhos por lealdade a essa energia de toxicidade?**

Você certamente já ouviu dizer que nós somos a média das cinco pessoas com quem mais convivemos. A lealdade aos grupos explica isso. Os grupos dos quais você faz parte determinam a sua vibração.

Por isso agora quero que você preste atenção a todas as tribos a quem você está sendo leal e avalie se essa lealdade está sendo positiva ou tóxica para você.

Imagine que seus grupos estão numa balança. Que prato da balança pesa mais? Aquele dos grupos de risco ou o outro lado, que carrega os grupos prósperos?

Grupos prósperos são aqueles que estimulam e desafiam você, que o energizam e fazem você sair da zona de conforto e querer mais.

Analise a sua balança. Quantos grupos estão no seu prato da RPR? E quantos há no prato da prosperidade?

Uma vez que você entende o peso desses grupos negativos, a tendência é que a comece a entrar em equilíbrio e, depois, a pesar mais para o lado positivo.

Não estou dizendo que você precisa ser radical e virar as costas para as pessoas o acompanharam a vida toda. Mas você pode dosar o contágio. **O que você não pode é se limitar e deixar de ser tudo o que nasceu para ser por causa dos outros.**

REFLITA

Respire fundo, pense nas suas metas, na sua integridade, na capacidade de ser leal aos seus próprios sonhos.

AVALIE

Dose o contágio. Pode ser que, em alguns casos, você sinta que não há mais sentido em pertencer àquele grupo, e está tudo bem. Seja qual for a sua decisão, aja com clareza e leveza. Apenas não se permita abater pela lealdade tóxica.

APLIQUE

A riqueza só vai acontecer quando você mudar, aplicando o que aprendeu. E isso envolve se afastar dos grupos de lealdade tóxica. Tudo começa por você. Essa balança tem que estar pendendo para o lado da prosperidade.

Passo 05

TENHA CLAREZA DO QUE VOCÊ PODE CONTROLAR

Se você quer ser rico, a primeira coisa que precisa fazer é definir os resultados que quer ter. Mas note que definir os resultados é diferente de ficar aflito para alcançá-los.

Sim, você deve se concentrar no sucesso que quer ter, mas não de uma forma excessivamente apegada aos resultados. Em vez disso, apegue-se à única coisa que você pode controlar: **a sua dedicação.**

Faça o seu plano de ação. Escreva, visualize e imagine os resultados que deseja. E então pare de cobrar e dizer que ainda não está rico. Isso você não pode controlar. A única coisa que pode controlar é que seu plano seja executado da melhor maneira possível.

Você não pode controlar o resultado, a não ser indiretamente. Por isso, controle a sua disciplina; o seu desejo ardente; a sua motivação; a sua ação hoje, amanhã e depois; a sua dedicação como um ótimo estudante – estude sobre a riqueza como se não houvesse amanhã, para continuar sempre crescendo e prosperando.

Mas o estudo por si só também não adianta nada. Você precisa agir. O estudo vai lhe dar clareza para entrar em ação. E é das suas ações que virão os resultados.

Então, controle esses pontos. Controle a única coisa possível: fazer bem-feita a sua parte. Dedicar-se 50% ou 100% está sob o seu controle. Impor-se um novo ritmo está sob o seu controle. Escolher entre agir ou enrolar na hora em que é necessário está sob o seu controle. Dominar o seu medo – e não deixar que ele o domine – está sob o seu controle.

O resultado em si, isso não está sob o seu controle. Ele é apenas a consequência das suas ações.

O seu foco deve estar apenas no que pode controlar. Gastar energia com coisas que estão além do seu controle é insanidade.

Passo 06

ELIMINE A CULPA DA FARTURA

Alguma vez você já se sentiu culpado por estar na fartura? Já aconteceu de você estar jantando em um restaurante chique e mais caro, e de repente se sentir constrangido por estar se alimentando tão bem enquanto há crianças passando fome na África? Ou então durante uma viagem, enquanto você se divertia e conhecia lugares lindos, do nada bateu a culpa porque seus parentes não tinham condição de fazer uma viagem como aquela?

Comparações não servem para nada. Só para alimentar a culpa e diminuir o seu fluxo de riqueza.

Imagine que você acabou de comprar um carro novo, importado, de última geração. E então chega a um lugar onde estão os seus amigos. É claro que eles vão comentar! E você precisa estar com a autoestima muito bem resolvida para não ficar se justificando pela compra. Mas a maioria das pessoas não tem toda essa autoestima.

Já notou como quase todo mundo, quando é elogiado por algo que tem, como a roupa, por exemplo, imediatamente começa a explicar que não custou nada, que estava "na promoção"?

Isso é uma prova incontestável da culpa da fortuna e da fartura.

Agora me diga uma coisa: se você sente culpa por ter dinheiro, como o seu sistema energético pode atrair mais dinheiro para você? Impossível! Em vez disso, ele vai afastá-lo.

A triste verdade é que a maioria das pessoas sente culpa por ser próspera. E sabe o que com o que isso ajuda? Com nada!

Madre Teresa sempre dizia uma coisa muito sábia: que era impossível acabar com a guerra fazendo guerra. Para acabar com a guerra, é preciso focar na paz. Do mesmo modo, só se pode vencer a escuridão focando na luz.

Por que com a riqueza seria diferente? Só será possível acabar com a miséria e a escassez no mundo se alimentarmos a prosperidade e a riqueza.

Mas, quando sente culpa pela fartura, você está alimentando a pobreza.

Quando sente culpa por ter dinheiro, por ter acesso ao melhor e por ter abundância, você está alimentando a sombra, e não a luz. Concentrar-se na escassez, na dor e no problema torna você parte desse problema. Por outro lado, focar na prosperidade e na concentração de riqueza torna você parte da solução. Simples assim!

Quando você sente culpa porque tem algo que os outros não têm, está alimentando a guerra. Quando entende e agradece pelo que tem e se dedica à sua prosperidade, está alimentando a luz.

Sim, nós podemos diminuir a pobreza no mundo, mas só conseguiremos fazer isso diminuindo o estado de consciência da pobreza. E não é nos sentindo culpados pela nossa prosperidade que fazemos isso. Tampouco é simplesmente doando dinheiro. **Se apenas investirmos dinheiro, ele vai ser consumido e a pobreza voltará. Por outro lado, se ajudarmos a despertar a consciência de abundância e** prosperidade nas pessoas, elas mesmas vão gerar riqueza.

É nisso que acredito e é por isso que eu faço o que faço. Tenho certeza de que você também é um grande instrumento de mudança no mundo.

Pense nisso e, a partir de agora, quando alguém elogiar você, diga apenas obrigado, diga que está feliz e agradeça a Deus. Porque todas as vezes que se justificar por ter alguma coisa de valor, significa que você não está em harmonia com o que tem. Não está em harmonia com a fartura e a abundância.

Não é fácil, viu? Faz pouco tempo que consegui aprender e resolver isso. E venho treinando diariamente. Mas assim como eu consegui, você também consegue.

Passo 07

PARE DE SER O IDIOTA DAS ALGEMAS DE OURO

Quando eu ainda atuava na indústria, costumava trabalhar demais, porque precisava de dinheiro para ter *status*, roupas caras, pagar pelo lugar bacana onde eu morava. Tudo isso para impressionar certas pessoas com quem eu nem me importava de verdade.

Isso é ser o idiota das algemas de ouro. É ter um trabalho que o escraviza e que você acredita que não pode largar porque tem que sustentar uma vida ilusória. Assim, você vive fazendo o que não gosta, sendo alguém quem não é, para ter um estilo de vida que você não quer, só para agradar pessoas que não são importantes.

A pessoa vive presa, mas, pelo menos, as algemas são de ouro. Que bela porcaria! Que diferença faz o material do qual é feita a algema se você está preso?

Entenda: não há problema nenhum em trabalhar demais. O trabalho é uma coisa incrível, feito para que a gente evolua. No trabalho nós nos desenvolvemos, conhecemos novas pessoas e nos colocamos em movimento. O que é errado é ser escravo do trabalho.

Tenho amigos que se dizem escravos do trabalho, mas eles amam o que fazem e se nutrem disso. Eu não diria que são escravos. Talvez precisem consultar a sua consciência, avaliar se isso faz bem para eles e rever suas escolhas, mas não são escravos do trabalho.

É escravo do trabalho o idiota que não é feliz, mas se mantém ali para sustentar as ilusão de ser aplaudido por outros idiotas.

Um caso clássico de idiota das algemas de ouro é quando a pessoa está muito apegada ao emprego numa empresa renomada para poder pagar uma casa num bairro chique. E tudo isso para quê?

Essas perguntas que faço para você agora são as mesmas que me fiz. Por que eu não vivia de forma mais simples, alinhado com a minha essência? Não se engane, viver de forma simples não é algo inferior. É viver alinhado. A simplicidade é o maior grau de sofisticação do ser humano.

Você está alinhado com a sua essência?

Você é o que nasceu para ser ou é o que os outros querem que você seja?

Se fosse tudo o que nasceu para ser, estaria nesse mesmo trabalho? Ainda faria o que faz hoje?

Se a resposta for não, mas o que você faz hoje é um caminho para levá-lo até onde quer estar e para se tornar quem realmente quer ser, então você está alinhado. Mesmo que ainda não faça exatamente o que sonha e deseja, já está no caminho.

Contudo, se hoje você está num trabalho que não tem nada a ver com o chamado da sua alma, que não tem nenhuma relação com o que você quer ser um dia, **então é hora de repensar.**

Sim, eu sei que nesse momento todas as suas crenças limitantes vão gritar que você não pode largar o seu trabalho, que não terá como pagar as contas, que vai morrer de fome etc. Nada disso é o seu "eu" verdadeiro. Nada disso é você de verdade. É apenas o complô RPR (Religião, Política e Remédios) e um monte de construções que fazem você duvidar da sua essência.

O complô RPR funciona assim: você acredita em tudo o que vê, e então replica tudo em que acredita. A mídia diz que é muito difícil arrumar um emprego, que as pessoas ao seu redor não ganham bem, e que não se pode seguir os sonhos. Você acredita nessa realidade, e então se convence de que é melhor ficar no seu emprego, com o seu salário.

Talvez esse ainda seja o seu mundo até este momento. Mas não se desespere, porque estamos juntos nesta jornada para começar a abrir um novo mundo de possibilidades. Passo a passo, item a item, você vai tirar esse monte de sujeira que as crenças limitantes acumularam na sua cabeça e vai começar a alimentar uma nova visão de mundo.

Neste exato momento, apenas se faça uma pergunta:

"Estou sendo um idiota das algemas de ouro?"

Talvez você olhe agora para a sua essência e ache que está fazendo tudo errado. Não se julgue! Errar nunca foi um problema. O erro é a didática da vida. O problema é não saber que erra, ou até saber, mas varrer o erro para debaixo do tapete, por medo ou vergonha.

> Comemore e se concentre nos próximos passos.
>
> Comece a se reconstruir em alinhamento com a sua essência.

Passo
08

ABRA A CAIXA ANCESTRAL DA PROSPERIDADE

A essa altura você já entendeu que crenças são as suas vozes internas, que ficam repetindo as verdades em que você acredita. Essas vozes podem ser pró ou antiprosperidade. As crenças pró-prosperidade são aquelas vozes que lhe fazem pensar que você consegue, que dá conta, que é merecedor e tem direito. Elas são bem raras de encontrar...

As crenças antiprosperidade, por sua vez, existem aos montes. Se pensarmos bem, todos nós estamos cheios delas. São as vozes que nos dizem que não conseguiremos, que isso não é para o nosso bico, que dá muito trabalho.

Mas como essas crenças entraram na nossa mente? É como se tivéssemos herdado uma caixa de nossos antepassados.

A **caixa ancestral de prosperidade** é um nome que me veio um dia durante uma meditação – você pode chamar isso de intuição, inspiração, ideia ou como quiser.

Nós carregamos essa caixa fechada em nossa mente, no inconsciente, e, dentro dela, há um monte de moscas voando. Essas moscas são as nossas crenças, frutos da experiência de nossos antepassados, de tudo aquilo que eles experimentaram, vivenciaram, acreditaram e passaram para nós. E agora seguimos pela vida, reproduzindo essas crenças, mesmo que elas não façam mais sentido nenhum!

Você precisa limpar essa caixa. Precisa abri-la e deixar as moscas voarem para fora. Precisa reconhecer as suas crenças e acabar com elas. Elas são o inimigo e, como eu já disse, não há problema em ter inimigos. O problema é não saber quem eles são e como atuam.

Quando você conhece os seus inimigos, as suas crenças, quando você abre a caixa e deixa as moscas irem embora, abre espaço para coisas novas e boas. Você pode substituir as suas crenças!

Então vamos fazer um exercício.

Comece pensando nos seus avós por parte de pai. Qual foi o contexto da criação do seu avô? Por quem ele foi criado? O que estava acontecendo no país e no mundo na época em que ele crescia? Quais eram as notícias que seu avô ouvia? Quais eram os costumes? No que ele acreditava? Com quem ele brincava? Enquanto crescia, quais eram os sonhos e anseios do seu avô? E as preocupações? Que adversidades ele enfrentou na vida? Esteve doente? Passou pela guerra ou pela recessão? Foi próspero? Era pão-duro?

Agora, faça as mesmas perguntas sobre a sua avó paterna. Pense em todo o contexto dela. Em seguida, repita esse exercício com o seu pai.

Recomece o processo com a família da sua mãe: seu avô materno, sua avó materna e depois a sua mãe.

_____

_____

_____

_____

_____

Se você não tem mais os pais vivos ou se não se relaciona com eles, converse com pessoas que saibam sobre eles. Tente entender quais eram os paradigmas – o conjunto de crenças – em que seus ancestrais estavam inseridos.

Faça uma análise e comece a entender que você é resultado disso.

Ao abrir a caixa ancestral de prosperidade, você vai começar a entender de onde surgiu a escassez na sua família. Sempre que identificar um padrão, reflita que isso não é seu e que já ficou para trás. Agradeça por eles, pois sempre estiveram ali para proteger você de repetir as experiências passadas, mas tenha consciência de que os tempos mudaram, o mundo mudou, e eles já não lhe servem mais.

Esse é um dos passos mais importantes para você dar um salto na sua prosperidade. Ele não trata apenas das suas crenças sobre dinheiro, mas da forma como você conduz tudo na sua vida: se acredita ou não nas pessoas, a sua saúde, a felicidade, o amor e os relacionamentos. E o dinheiro também!

Esvazie a caixa e abra espaço para preenchê-la com o que você quiser. Não é um exercício fácil, mas dá resultados incríveis. Pegue um papel, comece a pensar e a escrever sobre isso. Não se apresse. Para ser bem feito, o exercício pode levar alguns dias. Aos poucos, vá entendendo os paradigmas dos seus ancestrais, para assim entender as limitações que está replicando em sua vida.

Passo
09

SAIA DA ZONA DE CONFORTO

Você é uma pessoa de atitude ou está aprisionado na zona de conforto? Você faz o que tem que fazer imediatamente ou é do tipo que procrastina até não poder mais? Procrastinação significa deixar para depois aquilo que você tem que fazer agora. Você vai colocando outras coisas na frente e acaba não fazendo o que realmente precisa ser feito. E isso também tem a ver com a zona de conforto.

A verdade é que a zona de conforto é o lugar do medo e da culpa.

E sabe por que ela costuma nos vencer? Porque, quando começamos a mudar, isso acaba gera conflitos internos e externos.

O conflito externo é brigar com pessoas que são contra a sua mudança. E, acredite, isso vai acontecer. Todas as vezes que as pessoas fazem mudanças abruptas em sua vida, elas são vistas como revolucionárias ou radicais.

Mas a verdade é que não queremos ser vistos assim. Nós, seres humanos, queremos pertencer e nos sentir amados. Então, **para evitar o conflito e a dor da rejeição, enterramos os nossos sonhos**. No momento em que fazemos isso e ficamos na zona de conforto, somos derrotados pelo medo e pela culpa, que não são nada mais que as vozes da nossa necessidade de aprovação.

As pessoas são viciadas em aprovação social. Esse é um vício humano. Não se sinta mal por isso, apenas reconheça que é um vício do qual você precisa se livrar.

Porque, se não fizermos isso, se não sairmos da zona de conforto e enfrentarmos os nossos medos, eles vão enterrar a nossa motivação. Nós nos sentiremos eternamente cansados da vida que levamos.

É por isso que muitas pessoas falam que sabem que precisam fazer alguma coisa, que precisam mudar, mas não têm energia. Quando você começa a ceder para o medo e para o conflito, é como se jogassem um caminhão de terra sobre a sua cabeça.

Aí, vem alguém, joga uma bola na sua direção e pede que você corra para pegá-la. Só que você está soterrado nessa areia! Não tem a menor condição de sair correndo.

Agora, experimente tirar esse caminhão de terra que é o medo, a culpa e a necessidade de aprovação. Fica muito mais fácil correr atrás da bola! Ou seja, a sua falta de motivação e de energia é consequência de você estar na zona de conforto, soterrado pelo medo, pela culpa, tentando evitar conflitos.

Talvez você esteja aí pensando que não tem nada de errado em ter um certo conforto, afinal estabilidade é uma coisa boa. Bem, se esse é o seu principal valor, a estabilidade, lamento informar, mas você é uma pessoa carregada de medo. A busca pela estabilidade não é natural do ser humano, e é preciso ter clareza de que isso não passa de uma desculpa para enganar o seu cérebro e continuar na zona de conforto.

Eu sei que você acha que ficando na zona de conforto, nesse terreno que já conhece, está evitando a dor e o sofrimento. Mas isso não é verdade. A dor e o sofrimento vêm justamente de viver soterrado pelo medo.

E quando você está soterrado pelo medo, a riqueza não tem como entrar na sua vida.

"Procrastinação é a desculpa que o seu cérebro cria para não enfrentar os medos que travam a conquista dos seus sonhos."

SEJA RICO ━━━━

"PROCRASTINAÇÃO

é a *desculpa* que

o seu cérebro cria

para não enfrentar

os medos

que travam a

CONQUISTA

dos seus sonhos."

━━━ @BRUNOJGIMENES

Passo 10

ATIVE O DNA DOS VENCEDORES

Você tem o DNA dos vencedores? Talvez você esteja se perguntando o que é isso. É aquela característica comum às pessoas de sucesso, como se fosse uma assinatura. E é bem fácil reconhecê-la. Basta prestar atenção no que as pessoas falam.

Não adianta: fracassados falam de fracasso, magoados falam de mágoas, doentes falam de doenças e remédios... E vencedores falam de ideias, planos e sonhos!

O número de vezes que você fala dos seus sonhos é diretamente proporcional à velocidade com que os realiza.

Entenda: as palavras se tornam coisas. Pessoas que falam de sua jornada de riqueza não estão se gabando. Pelo contrário!

É justamente porque falam disso que são ricas.

Se você ainda não tem o nível financeiro dos seus sonhos, sem dúvida é porque a maior parte das suas palavras não são **palavras de poder e prosperidade**.

Eu sei disso por experiência própria. Em 2007, escrevi um livro chamado *Sintonia de Luz*, que fala sobre o desenvolvimento espiritual no século XXI. Eu me achava o sabichão das palavras positivas! Quando um amigo meu, que estava fazendo intercâmbio na Irlanda, me ligou perguntando se eu queria que ele trouxesse algo para mim, pedi um gravador digital, que ainda era muito caro aqui no Brasil.

O gravador chegou, era pequeno e bonitinho, e resolvi testá-lo. Conectei um microfone nele, o prendi na minha camiseta e o liguei. A ideia era gravar tudo que eu falasse, por um dia inteiro, para avaliar o vocabulário que eu usava. Nas primeiras horas, fiquei controlando o que dizia, focando em palavras positivas. Porém, à medida que o dia foi passando, eu me distraí e me esqueci do gravador.

À noite, quando coloquei a mão no bolso, encontrei o gravador lá e decidi que ia ouvir a gravação no dia seguinte. E então, no outro dia, fui ouvir o que tinha gravado e fiquei apavorado! Eu, que me achava o sabichão das palavras positivas, tinha usado muitas expressões e palavras contra a prosperidade. E eu atribuía a minha falta de prosperidade a outros motivos.

Eu achava que era um otimista. Mas só era assim em 20% do meu tempo. Nos 80% restantes – ou seja, a grande maioria –, eu reclamava que não tinha dinheiro suficiente, me chateava com o clima, reclamava do trânsito e estava jogando energia ruim na minha aura o tempo inteiro.

Quem sabe não é isso que está acontecendo com você?

Por isso, sugiro que faça esse exercício. Grave tudo o que você fala por um dia inteiro. Ligue o gravador e se esqueça dele. Depois analise suas palavras. É um dos exercícios mais chocantes e poderosos que eu conheço. Você vai perceber onde está errando e o que precisa melhorar.

Outro exercício bem dolorido, mas que também dá muito resultado, é pedir para as pessoas de quem você mais gosta lhe dizerem o que elas acham que você fala de errado. Pergunte se elas acham que você é positivo ou negativo. Mas peça que sejam brutalmente honestas. Não procure elogios que afagam o ego, mas não ajudam no seu crescimento. Procure as pessoas que têm coragem de criticar você e as ouça com atenção!

O DNA dos vencedores é uma VIBRAÇÃO de *quem* fala de SUCESSO. E VOCÊ PODE desenvolvê-lo! Fale do sucesso que quer ter.

Passo 11

ENTENDA O QUE A SUA VIBRAÇÃO FALA SOBRE VOCÊ

Você sabe que nós somos energia. Há muitos anos, a física já mostra que o ser humano vive num campo de possibilidades em uma existência plena. Nessa existência, há duas coisas: matéria e energia. Energia é matéria dispersa, e matéria é energia concentrada. São dois estados da mesma coisa, e a física quântica provou que não há separação entre elas.

Os budistas já falavam há muito tempo que não somos separados de nada. Quando entendemos que não há separação, que a separação é apenas uma ilusão, tudo fica mais consciente.

A não separação quer dizer que tudo o que eu tenho no mundo físico está conectado a mim energeticamente. Cada coisa na sua vida – seja uma atitude, uma estrutura ou algo material – fala de uma identidade vibratória que a compôs ou concretizou.

A pergunta que quero fazer para você agora é: Você sabia que é muito fácil prever quem você é? Sabia que qualquer pessoa minimamente treinada, fazendo 5 ou 6 perguntas, define quem você é?

Eu gostaria que você refletisse sobre isso, porque o jeito como você cuida da sua casa fala sobre a sua vibração. O jeito como acorda pela manhã fala como você é. O jeito como mantém seus relacionamentos e seus amigos fala como você é.

Responda às seguintes perguntas:

1. O que a sua carreira fala sobre você e a sua vibração?

----

2. O que o seu casamento fala sobre você e a sua vibração?

----

3. O que a sua saúde fala sobre você e a sua vibração?

_____
_____
_____
_____

4. O que o seu carro fala sobre você e a sua vibração?

_____
_____
_____
_____

5. O que o jeito como você se veste fala sobre você e a sua vibração?

_____
_____
_____
_____
_____
_____

6. O que o seu guarda-roupa fala sobre você e a sua vibração?

_____
_____
_____
_____

7. O que o jeito como você faz amigos fala sobre você e a sua vibração?

_____
_____
_____
_____

8. O que os livros que você lê falam sobre você e a sua vibração?

_____
_____
_____
_____
_____

9. O que jeito que você estuda fala sobre você e a sua vibração?

_____
_____
_____
_____

10. O que o jeito como você trata seus pais fala sobre você e a sua vibração?

_____
_____
_____
_____

11. O que o jeito como você reclama ou agradece à vida fala sobre você e a sua vibração?

_____
_____
_____
_____

Essas são perguntas que precisam ser respondidas.

Tudo o que você tem, tudo o que está ao seu redor, é reflexo da vibração que está dentro de você. Cada atitude sua fala sobre você. E, em vez de reclamar da sua vida e dizer que as coisas estão certas ou erradas, faça uma análise sobre os principais pontos e se pergunte como você lida com isso. A principal pergunta é sobre a sua vibração.

Tudo o que você faz e a maneira como reage revelam a sua vibração. Não há separação. Então, analise cada uma dessas áreas e se questione sobre o que pode mudar e melhorar.

A causa das coisas é muito diferente das consequências. Consequência é tudo o que você está vendo na sua vida, como a falta de dinheiro. E a causa é a vibração que você emite em cada coisa que você faz.

Se você não tem a vida dos seus sonhos, é porque há algo de errado com a sua vibração. **Não tenha vergonha de admitir quem é de verdade.** É até bom que chegue à conclusão de que é uma pessoa egoísta e reclamona. Porque aí você terá a chance de reconhecer isso, assumir a sua responsabilidade e melhorar.

Passo 12

APRENDA A ENFRAQUECER O PERFECCIONISMO

Você se considera perfeccionista? Se respondeu "sim", cuidado! O perfeccionismo pode ser uma grande armadilha.

> Entenda: perfeccionismo é diferente de aperfeiçoamento!

Uma pessoa perfeccionista não consegue entrar em campo e fazer o que tem que ser feito, pois tem medo de não ser simplesmente perfeita. Ora, isso nada mais é do que um disfarce do ego, da vaidade e do orgulho! O perfeccionista é alguém que não quer sentir a energia do iniciante, que erra para aprender.

Errar é a dinâmica da vida! Todo mundo erra, e é pelo erro que se dá o aperfeiçoamento: nós tentamos, erramos, repetimos um pouco melhor... Esse é o processo.

Meu livro *Fitoenergética* só ficou exatamente como eu queria na quarta edição, quando quase dobrei o tamanho dele. Mas isso não me impediu de lançá-lo antes!

Isso é o comum dos projetos: que tenham espaço para melhorias e desenvolvimento. Isso é se aperfeiçoar. O caminho dos perfeitos é o erro.

Por isso, seja louco pelo erro. Não quero dizer que você tenha que fazer tudo errado, de qualquer jeito. Não é isso. Estou falando de **fazer o melhor possível com o que tem agora**, entrar em campo rápido, errar rápido. E repetir o máximo de vezes que puder, para ir corrigindo esses erros e se aperfeiçoando.

Mas, até para aperfeiçoar, é preciso persistência. Quando você começa a achar defeitos no que faz, o seu cérebro sai do automático e gasta mais energia. Isso gera desconforto. Então, a tendência é que o seu cérebro lhe boicote para você desistir. Por outro lado, se começar a aceitar o erro, se começar a ver seus erros como coisas boas, oportunidades para seu desenvolvimento, o seu cérebro vai relaxar e vai querer parar de procrastinar.

Entenda e aceite que o erro é a dinâmica e a didática da vida. Aprenda a enfraquecer o perfeccionismo. **Faça logo o que tem que ser feito, erre, aprenda, aperfeiçoe**. Repita até acertar. E comemore os pequenos passos do seu crescimento. Não deixe seu cérebro paralisar.

Passo
13

PRATIQUE O CAPRICHO, ELE É O PAI DA PROSPERIDADE

Se, por um lado, o perfeccionismo é um dos maiores sabotadores que existem, o capricho, por outro, é o pai da prosperidade.

Para a pessoa perfeccionista, nada nunca tem fim. Como escritor, se eu fosse perfeccionista, não teria lançado nenhum livro até hoje, porque nunca estaria perfeito. Então, em vez disso, sou caprichoso. Ter capricho é fazer o melhor que você pode com o que tem no momento. Entende a diferença?

> **Coloque capricho em tudo o que fizer, dê sempre o seu melhor! Isso é um gatilho que pode fazer a sua prosperidade explodir.**

Além disso, o capricho é parente de outras duas forças da prosperidade: a gentileza e o respeito.

Nem sempre é fácil manter tudo isso com a pressão do dia a dia, mas é uma exigência que você precisa fazer para si mesmo. Quando você tem capricho, respeito e gentileza, o seu DNA energético modulável – sua régua da mente – sobe para o patamar de uma melhor vibração.

O capricho não depende de inteligência nem de dinheiro. Ele depende apenas do respeito e da gentileza que você dedica às suas tarefas e às pessoas ao seu redor.

SEJA RICO

"O CAPRICHO
é o pai da
prosperidade."

@BRUNOJGIMENES

Passo
14

REMOVA A SOMBRA DA FAMÍLIA

Você acredita que a família é a base de tudo? Pois saiba que não é, e eu vou explicar por que.

De fato, a família é muito importante. Eu amo meus pais, irmãos, tios, primos etc. Mas ela não é a base de tudo. Quando você diz isso, abre mão da sua autorresponsabilidade. Entenda: **a base de tudo é você.** Se você estiver bem, sua família vai estar bem. Se você estiver em desequilíbrio, vai desequilibrar a sua família.

Então, a base de tudo é você estar bem para ajudar a sua família. Acontece que, muitas vezes, para você ficar bem, precisa tirar a sombra da família de cima de você.

Quando falo da "sombra" da família, estou usando uma expressão do meu livro *Propósito Inabalável*. Nele eu falo sobre as sombras da mente, que são aquelas coisas que parecem boas, mas que na verdade não são.

A maioria dos meus alunos fica impactada quando digo que a sombra da família é uma coisa ruim. Sei que para muitas pessoas família é sagrada. Para mim também é, e sagrada é uma ótima palavra para definir. Porém, por mais contraintuitivo que isso seja, é justamente esse vínculo tão forte que pode se transformar em uma armadilha na sua vida. Sim, a verdade é que a família pode interferir negativamente sobre você e gerar infelicidade. E são muitos os motivos para isso, como veremos a seguir.

1. EGOÍSMO DISFARÇADO

Já aconteceu de você contar para alguém da sua família um plano ou um feito seu e essa pessoa analisar tudo apenas sob a ótica dela: o que ela teria feito, como teria agido... Ela simplesmente não consegue ter empatia e se colocar no seu lugar.

Quase sempre essa é uma atitude inconsciente, que as pessoas tomam sem perceber, e é mais comum do que você imagina.

Por exemplo, você conta para o seu pai ou seu irmão que quer morar fora do Brasil ou pretende trocar de carreira, e ele não consegue ouvir com neutralidade, se colocar no seu lugar e dar uma opinião. Em vez disso, começa a falar como se fosse ele que estivesse enfrentando aquele desafio. Faz um julgamento baseado no que ele próprio sentiria, com base em seus próprios medos, emoções e crenças.

O que está acontecendo é que essa pessoa só está pensando no que seria melhor para ela, e não no que é melhor para você. Assim, todos os conselhos vêm impregnados pelos medos e limitações de alguém.

2. TRADIÇÃO

Uma das palavras que melhor exemplifica o que é a família na vida de uma pessoa é "tradição". Todo mundo vem de uma família, de algo histórico. Não interessa se você vem de uma família pequena e desunida ou mesmo se não convive com seus parentes, ainda assim existe uma força de tradição muito forte no contexto de família, que impõe que você viva em alinhamento com um padrão estabelecido sutilmente pelos atos e comportamentos de toda a corrente familiar da qual você vem.

Muitas vezes, é a tradição que não deixa as pessoas ousarem. Ela exige comportamentos semelhantes à tradição imposta, o que pode drenar a sua segurança e a sua audácia para buscar novos rumos, mantendo você preso a um padrão familiar.

Por mais que você sonhe viver algo muito diferente de tudo o que já viveram na sua família, ainda assim o sistema de crenças passado de geração em geração pode impedi-lo. Isso acontece mesmo que a tradição da sua família seja cheia de moral elevada, pensamentos prósperos, bons costumes, cordialidade e generosidade.

Isso quer dizer que, se o seu caminho de vida é muito diferente daquele em que a sua família sempre acreditou, você pode sentir o peso da tradição familiar atuando nas suas decisões, por mais que a história da sua família seja recheada de positividade e de grandes feitos. Se você quiser mudar em relação à tradição, a família vai cair em cima de você.

3. CONFORTO

Conforto é a palavra de ordem de qualquer chefe de família, cujo objetivo é garantir a segurança de cada integrante do seu clã. Aos olhos dos líderes da família, tudo o que acontece deve se mover no sentido de aumentar o conforto.

O problema é que conforto sempre está associado ao medo. Pode até parecer justo e sensato, mas no fundo é uma força limitadora. Essa força pode bloquear a ousadia ou impedir que você corra riscos. E aí você fica cada vez mais enredado nas estruturas convencionais. Tudo o que você quiser fazer que mexa com a suposta segurança da sua família, vai gerar dúvidas e ser visto como uma ameaça. Por isso, você será fortemente atacado pelas pessoas que mais lhe amam.

Toda vez que você falar de projetos de vida que deixam as pessoas desconfortáveis, pode ter certeza de que elas vão se rebelar. Qualquer um que tente abalar a zona de conforto familiar será considerado um desertor, um revolucionário ou um guerrilheiro.

4. HONRA

Se você quiser confrontar a sua família e colocá-la em cheque, ela vai reagir como se a honra dela estivesse ferida.

Se a sua ideia de projeto de vida desafiar em qualquer sentido o senso comum, a segurança e a tradição, você vai perceber que as pessoas vão se sentir envergonhadas e desonradas. E a honra é uma coisa que mexe com os nossos familiares de um jeito que nem eles entendem. Quando isso acontecer, ninguém vai pensar na sua felicidade de forma pura. Eles só vão pensar que você está indo contra a honra da família.

Isso era muito comum antigamente, quando alguém da família rompia com a estrutura. Hoje em dia já nem tanto, mas, até os anos 1980, ter uma adolescente grávida, por exemplo, era algo pavoroso para as famílias. Ainda hoje em dia é possível identificar algumas coisas que ferem a honra, mesmo que de forma totalmente ilusória e egocêntrica.

5. MATILHA

Pessoas de uma família costumam agir como uma matilha. Ou seja, desejos, ambições, problemas, qualidades e limitações são sempre parecidos. Quando você vive muito tempo com um grupo de pessoas, a tendência é se nivelar a elas, tanto nas coisas boas quanto nas ruins. Se não há no seu grupo familiar alguém que já tenha feito algo grandioso, a tendência é que nunca se faça nada assim.

Por isso, preste atenção na seriedade dos fatos. Se não tem ninguém com muita prosperidade na sua família ou nos grupos familiares de que mais participa, você acha que vai enriquecer? A resposta é não, até que você entenda tudo isso de que estamos falando aqui.

Se ninguém sofreu uma derrocada financeira na sua família, pode ter certeza de que você também não sofrerá. Se na sua família ninguém morre de câncer, você também não vai morrer de câncer. Se na sua família todo mundo fica doente da bexiga, sua chance de ficar doente da bexiga é 30 vezes maior.

Você tem que entender que o tamanho e as conquistas da matilha determinam as suas conquistas. Então, quando você começa a conviver com o seu meio familiar com muita frequência, você vai tender a ter o sucesso relativo ao sucesso médio de todos os integrantes. Assim como o insucesso.

Outra coisa que você precisa entender é que não pensa por si só. Todos os seus pensamentos foram colocados na cabeça de seus parentes, eles os replicaram para você, e agora você os está replicando para seus filhos e netos.

Por isso é importante entender que a sua relação familiar vai melhorar muito se você diminuir o contato com eles e o contágio desses pensamentos.

Não estou dizendo que você deve largar a sua família, pois família é algo sagrado e santo. Mas há alguns pontos que você precisa trabalhar. Familiares mais distantes, como avós e primos, você deve ver apenas uma vez ao mês. Mais do que isso, você vai começar a ter o que eles têm.

Divida seu mês da seguinte forma:

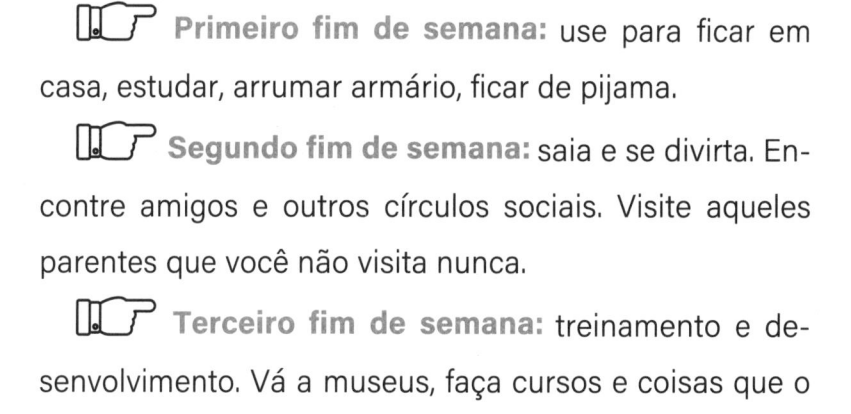

☞ Primeiro fim de semana: use para ficar em casa, estudar, arrumar armário, ficar de pijama.

☞ Segundo fim de semana: saia e se divirta. Encontre amigos e outros círculos sociais. Visite aqueles parentes que você não visita nunca.

☞ Terceiro fim de semana: treinamento e desenvolvimento. Vá a museus, faça cursos e coisas que o inspiram.

☞ **Quarto fim de semana:** visite os parentes mais próximos.

Em resumo, diminua o contágio. Aos poucos, vai perceber que essa identidade criada não é você de verdade.

REFLITA:
você é o que pensa que é
ou é a projeção do que
os outros esperam de você?

Quando você começa a viver menos com os parentes, tende a descobrir que a sua personalidade é diferente, e que eles moldaram o que você achava que era.

Por fim, eu garanto que, se você fizer isso, terá uma relação familiar muito melhor. Amorosa de verdade. Garanto que você não vai mais nutrir nenhum tipo de crítica.

Quanto menos você vê seus parentes, menos tempo sobra para críticas quando se encontram. Vocês aproveitam o tempo falando de coisas boas e construtivas.

E esse é o primeiro passo para viver a sua própria tradição, para construir a sua própria estrutura e saber quem você é na essência.

Passo
15

FOQUE EM SER O QUE NASCEU PARA SER

Você é tudo o que pode ser? Ou você é o que está dando para ser? Se você fosse tudo o que pudesse ser, estaria do mesmo jeito? Estaria na mesma rotina? Conviveria com as mesmas pessoas? Se você fosse tudo o que nasceu para ser, estaria aqui, agora, nesse mesmo lugar?

Responda as seguintes perguntas:

1. Você é tudo o que pode ser no seu casamento, relacionamento ou com as pessoas de quem gosta?

_____
_____
_____
_____
_____

2. Você é tudo o que pode ser na sua carreira?

_____
_____
_____
_____
_____

3. O seu carro é tudo o que poderia ou representa tudo o que você pode ser?

_____
_____
_____
_____
_____

4. A sua casa representa tudo o que você pode ser?

_____
_____
_____
_____
_____

5. A sua missão ou o impacto que você gera no mundo é tudo o que você pode ser?

_____
_____
_____
_____
_____

6. O que você seria se fosse tudo o que pode ser? Onde estaria? O que faria?

Essas perguntas têm a função de dar um nó no ego e nas correntes de egoísmo que todo mundo tem, para que você possa chegar à resposta certa. E para que você comece a agir.

A intenção não é que você fique triste, mas que saia do comodismo, que comece a se questionar. Muitas vezes as pessoas não são tudo o que podem ser porque nunca se fizeram essas perguntas.

Ter riqueza é viver todo o seu potencial. E basta começar com uma simples pergunta: o que eu seria se fosse tudo o que nasci para ser?

Essas perguntas são para você refletir e se lembrar do que realmente importa. A sua resposta não precisa ser uma lista enorme de itens. Ela pode ser simples e já está dentro de você. Tudo o que você precisa fazer é colocar foco e atenção nela, para que comece a crescer.

SEJA RICO

PROSPERIDADE
é ser tudo o que você nasceu para ser.

Agora, comece com uma simples pergunta:

O QUE EU SERIA SE FOSSE TUDO O QUE NASCI PARA SER?

@BRUNOJGIMENES

Passo 16

DOMINE O MUNDO DAS POSSIBILIDADES

Existem dois tipos de pessoas: as que entendem o poder de criar a própria realidade e as que só enxergam o que já existe. Eu quero que você enxergue o que é possível.

Para além do que você vê no dia a dia, existe o mundo das possibilidades. Nesse mundo, você poderia ganhar um salário dez vezes maior, poderia viajar pelo mundo sempre que quisesse, poderia ter o peso e o corpo que desejasse, poderia ter um negócio próprio ou ser o melhor funcionário da sua empresa, poderia ter a melhor saúde do mundo, poderia morar onde quisesse, poderia desenvolver um projeto que ganhasse o Nobel da Paz, poderia salvar vidas, as suas ideias poderiam trazer dinheiro etc.

Nesse mundo, você pode conquistar tudo o que quiser e que consegue enxergar em sua mente.

Em contrapartida, há também o mundo do que já existe. E esse mundo aprisiona quem vive nele. Vamos supor que você ou algum conhecido reclame que está difícil arrumar emprego, por exemplo. Isso acontece porque no mundo onde você ou essa pessoa vive, todos dizem que é difícil arrumar emprego. Os jornais e as notícias alardeiam o tempo todo que o desemprego está aumentando, que o salário está cada vez menor e que os índices de violência não param de crescer. E o pior de tudo: essas pessoas dizem que é muito difícil fazer sucesso e prosperar, porque a vida é assim mesmo.

E é justamente aí que está o problema: **o que eu vejo, eu acredito. O que eu acredito, eu replico.** E o que eu replico se torna a minha realidade, porque sempre atraímos mais do mesmo. **Esse é um circuito natural de autossugestão.** O que quebra esse circuito é a capacidade de enxergar o que é possível. Esse é o segredo dos ricos e dos milionários: eles enxergam o que ainda não existe. Visualizaram negócios, produtos e projetos que ninguém mais conseguiu ver. Foi por isso que se tornaram milionários. Eles viram as possibilidades em suas mentes, acreditaram nelas e trabalharam para que elas ganhassem força e vida, de modo que, ao longo dos anos, se materializassem no mundo físico.

A mesma coisa acontece quando um escritor escreve um livro. O primeiro passo é visualizar o livro na cabeça e criar a possibilidade. Após alguns tempo de trabalho (às vezes dias, às vezes anos), esse livro se torna realidade. O Grupo Luz da Serra, por exemplo, foi primeiro uma possibilidade enxergada na minha cabeça, para então se tornar realidade.

Neste exato momento, existem várias possibilidades na sua cabeça que, para se tornarem reais, dependem do nível de energia que você vai investir nelas. Do contrário, virarão fumaça e vento.

Você precisa decidir se vai agir como os milionários ou como as pessoas escassas, que só enxergam e replicam o que já existe.

> SUA VIDA é feita do que **você replica** e você replica **aquilo que vê**. Então, é uma questão de *escolha*: **para que mundo você quer olhar**?

Você quer replicar o que já vê e continuar sempre multiplicando o que existe, nas mesmas condições? Ou quer usar o seu dom de enxergar o que é possível antes que isso exista no plano material? Esse é o grande segredo dos ricos, milionários e bilionários.

Quando você conversa com pessoas de grande poder material e influência no mundo, vê que elas sempre sonham com seus projetos. Elas idealizam seus sonhos na mente e ficam reproduzindo um filme do que seria aquela possibilidade realizada. Qualquer pessoa pode ser autor, ator, palestrante, jogador de futebol ou profissional de sucesso, em qualquer área. Você também, basta que visualize isso em sua cabeça.

Por isso os grupos com que convive, as coisas que lê, assiste, ouve e consome são tão importantes! Tudo isso define o que você vê. É hora de começar a enxergar um novo mundo.

Além disso, você também deve comemorar a conquista do outro. Para o seu inconsciente, não há diferença se é uma conquista sua ou não. Quando você comemora, entra nessa vibração e atrai mais disso para a sua vida.

SEJA RICO

"Para o seu **inconsciente** *não existe* **ficção**".

@BRUNOJGIMENES

Passo
17

SEJA MAIS REBELDE

Todos os grandes mestres tinham uma característica em comum: **eles eram rebeldes.** Não estou falando aqui de rebeldes sem causa, mas de ser um questionador do pensamento de manada.

Eu mesmo sou bastante criticado, pois muitas das coisas que falo vão contra o senso comum e a maioria. Por exemplo, você pode imaginar que quando falo da RPR, arrumo briga com muita gente, principalmente com representantes religiosos e da indústria farmacêutica (os políticos não se pronunciam). Não estou falando de questionar a religião de cada um, mas a estrutura que forma a religião. Se alguém criou uma estrutura para você se comunicar com Deus, isso deve ser questionado.

Por exemplo, eu acredito no batismo. Acho que é um ritual espiritual muito bacana. Porém, hoje em dia, muitas pessoas batizam seus filhos apenas para marcá-los como pertencentes a uma religião, e assim a igreja escolhida garante mais um fiel. Ou então, os pais fazem o batismo, mas estão interessados mesmo é na festa que vão dar depois e não na iniciação espiritual do filho. Então, nesses casos, eu questiono o batismo!

Outra coisa é questionar a quantidade de remédios que tomamos hoje. Será que tudo o que consumimos é realmente necessário? O marketing da indústria farmacêutica é pesado e faz você acreditar que precisa consumir remédio em vez de um chá, por exemplo.

> O questionamento é importante para você saber se alguma coisa é ou não para você.

Vamos supor que você vai fazer um voo incrível em um jato. As peças da aeronave podem estar enferrujadas e estragadas ou pode ser um jato bem conservado. Você não vai questionar e querer que o jato em que vai fazer o voo da sua vida esteja em perfeitas condições?

Por isso, aprenda a questionar, principalmente os pensamentos de senso comum e de massa. Mas entenda que questionar não significa ser rebelde com quem já tem resultados. Toda vez que tenho a oportunidade de estar com algum empresário de sucesso, pergunto o que ele fez, para que eu possa modelar (desde que seja algo ético e dentro da lei, claro). Ora, se a pessoa já fez, testou e teve resultado, e se eu quero ter sucesso, posso muito bem aprender com ela.

Infelizmente, ainda vejo muita gente sem resultado questionar estratégias sugeridas por pessoas de sucesso, e isso não faz o menor sentido.

Temos que ser rebeldes na hora certa. Questionar as estruturas prontas, as crenças da sociedade e os pensamentos de massa. Se depois de questionar, você chegar à conclusão de que seguir essas estruturas, crenças e pensamentos é o melhor para você, tudo bem também.

Ser rebelde não é ser idiota. Tudo tem a hora certa. Também é preciso confiar nas pessoas que deram certo na vida, porque elas já questionaram o sistema, já fizeram o que tinha que ser feito, testaram e aprenderam. E agora podem lhe ensinar.

Passo 18

VISUALIZE A OBRA PRONTA

Se tem uma coisa que aprendi na minha vida foi esperar o positivo e visualizar a obra pronta. Quando decido escrever um novo livro, já o imagino pronto, já me vejo dando autógrafos e palestras pelo mundo e já visualizo o livro sendo um dos Mais Vendidos da Veja.

Quando pensar em fazer uma viagem, já imagine a obra pronta. Mesmo que ainda não tenha o dinheiro nem saiba como vai consegui-lo, imagine-se feliz, conhecendo lugares incríveis. Se quer emagrecer, imagine-se magro. Se você quer comprar uma casa, imagine-se morando nela. Se quer comprar um carro, imagine-se dirigindo pela cidade.

Mas atenção: isso é diferente do passo 17, quando você vislumbrou o mundo das possibilidades. Agora, você já deve imaginar o objetivo concluído.

Eu me lembro de um período de escassez, quando precisei de um *notebook* novo, pois o meu já estava muito velho. Todas as vezes que eu vibrava na sintonia de "Meu Deus, preciso de um computador novo. Me ajuda!", o meu computador quebrava e me dava mais prejuízo. Até que percebi que estava vibrando no sofrimento. Então, passei a me imaginar feliz, usando um computador novo. O resultado foi que praticamente ganhei um *notebook* novo em menos de 50 dias fazendo esse exercício.

Quando você visualiza e se concentra na obra pronta, depositando nela essa energia, você dá força à Matriz Divina (campo de energia vital da Terra) e cria uma matriz mental que tem magnetismo próprio e atrai mais do mesmo.

Pense agora no sonho que você tem. Feche os seus olhos e se imagine realizando esse sonho e sentindo toda a alegria disso. Imagine a roupa que você está usando.

Esse filme na sua cabeça tem um magnetismo chamado matriz mental criada, que é impressa na Matriz Divina. Quando você define a obra criada na sua mente, define o magnetismo que atrai mais do mesmo. As coisas começam a acontecer para afastar o que não combina mais com aquilo e começam a atrair o que combina.

É por isso que quem tem metas evita problemas. Metas bem definidas na sua mente são boas por dois motivos: atraem o que você quer e afastam o que não quer.

SEJA RICO

Você é TUDO o que *nasceu* para ser ou está sendo apenas o que **dá para ser**?

@BRUNOJGIMENES

Passo 19

SEU UNIVERSO EXTERNO

Olhe para o seu mundo agora: você é 100% responsável pela luz e pela sombra que há nele, pelo dinheiro que você tem ou pela falta de dinheiro que enfrenta.

Tenha maturidade para entender que, por mais que a vida de riqueza ainda não tenha chegado, você não é um perdedor, e sim um aluno.

Se ao ler isso, você começou a esbravejar, precisa desenvolver essa humildade de saber que todo o Universo ao seu redor é a manifestação do seu Universo interno. Toda luz e toda sombra ao seu redor são a luz e a sombra dentro de você. Todo o seu dinheiro ou sua falta de dinheiro são o reflexo da sua vibração interna. Não há erro ou injustiça nas leis naturais. Se o dinheiro ou a estrutura de que você precisa para conquistá-lo ainda não surgiram, é porque você ainda não exorcizou toda a escassez de dentro de você.

Talvez isso seja mesmo parte do processo. Você pode já estar em outro nível, mas a riqueza extrafísica já tem que estar instalada em você.

> Por isso, reveja se você tomou a decisão de prosperar. Se você está realmente fazendo tudo de coração.

Seja humilde consigo mesmo. Trate-se com carinho. Esfregue uma mão na outra fazendo carinho e analise se está cuidando da sua sombra. O dinheiro ou a falta dele são responsabilidade sua. Talvez você não consiga cumprir seus contratos e manter a sua palavra.

Comece a analisar e a se elogiar por ver a parte lúcida em você. Não há separação entre o mundo material e o mundo interno – um reflete o outro. Portanto, concentre-se na sua análise e seja autorresponsável.

Passo
20

VOCÊ TEM MULTIPODERES

Chegamos ao início dos desafios! A partir de agora, você vai deixar de apenas ler e vai começar a exercitar tudo o que aprendeu.

O Universo é incrível, ele é multipoder e multiforças, assim como você. E se você e o Universo são tão múltiplos, por que você concluiu que o dinheiro que faz diária ou mensalmente só pode vir de uma forma ou de uma fonte? Por exemplo, se você é professor, acredita que só pode ganhar dinheiro como professor. Mas a verdade é que o ser humano é amplo, uma pessoa pode ter muitas habilidades, atividades e hobbies.

No momento em que você dedica todo o seu poder a uma única atividade, está criando um grande problema para a sua vida.

Quando você diz para o Universo que só vai ganhar dinheiro com a sua profissão, está criando um paradigma: você só enxerga essa possibilidade, acredita nela e a replica. Em tese, você está dizendo ao Universo que ele pode lhe mandar todo o dinheiro que existe, desde que seja através do seu trabalho.

Só que, dentro do seu próprio trabalho, é possível conseguir outras formas de ganhar dinheiro. Além disso, existem muitas possibilidades de você fazer dinheiro, para além da sua profissão. A única questão é que nossa geração parece ter um apego excessivo à sua graduação, como se essa fosse a sua identidade.

AGORA QUERO PROPOR UM DESAFIO EM DUAS PARTES.

1. Imagine que foi baixado um decreto mundial que diz que todo mundo tem que mudar de profissão. Quais seriam suas outras opções? Escreva três outras profissões que você toparia exercer, que não sejam a sua.

_____
_____
_____
_____
_____

2. Escreva três outras formas reais de fazer dinheiro extra agora. Vale desde vender roupa, fazer docinhos, oferecer consultoria na sua área etc. Empenhe-se, capriche. Esse é um passo importante para tudo o que virá daqui para a frente.

… **Passo**

21

EXTERMINE O VÍCIO DO MAIS BARATO

Você é o tipo de pessoa que só compra alguma coisa quando está na promoção? Ou que vai sempre em busca da marca mais barata? Que só compra o que é inferior por causa do preço? Pare um pouco e pense sobre isso. Lembre-se de você nas lojas, nos restaurantes, escolhendo um carro, um hotel, o destino da viagem de férias.

Se você busca sempre o mais barato, está cometendo um grande erro. Quando você está viciado em só comprar na promoção, o Universo passa a lhe dar mais do mesmo. Por isso, preste atenção. Repense.

Uma coisa é você saber das suas limitações. Outra coisa bem diferente é você se tornar viciado no mais barato. Eu entendo que quem está em uma situação de dificuldade não consegue enxergar uma forma de não comprar o mais barato. Mas esse é justamente o desafio.

Talvez você esteja aí pensando: "Para você, é fácil falar!". Mas acredite, eu já passei dificuldade na vida. Até os 23 anos, eu morava com meus pais e minha maior preocupação era bancar os custos do meu carro e a faculdade. Depois fui morar sozinho e, já nos primeiros anos, ganhava um salário incrível. Mas aí decidi me tornar empreendedor. De 2003 a 2009, foi muito difícil. Em alguns momentos, cheguei a ter escassez de comida em casa.

Meu principal sentimento era o de que tudo que eu fazia dava errado. Outra sensação horrível era a cara dos meus amigos, que tinham me visto nos momentos de fartura, se perguntando com os seus olhares o que eu tinha feito de tão errado. Mas eu sou persistente e hoje tenho a vida dos meus sonhos. Foi muito difícil, mas agora olho para trás e vejo que valeu a pena.

O que eu quero dizer é que não tem problema nenhum você comprar na promoção. **Mas precisa sair do piloto-automático de só comprar na promoção.** O primeiro passo para isso é reconhecer que, neste momento, talvez você não possa comprar o mais caro, mas você gosta do mais caro. Seja grato pela promoção, mas reconheça que não é isso que você gostaria. Não acostume o seu cérebro a gostar do mais barato.

Outro bom exercício é começar a reparar nos presentes que você ganha. Um termômetro da sua vibração da riqueza é quando você começa a ganhar presentes além do que poderia pagar. Você passa a perceber que o seu nível de merecimento está diferente. Você diz para o Universo que, neste exato momento, não pode comprar o mais caro – ainda –, mas que gosta do mais caro e gostaria de poder gastar mais. Isso é ser o "grato insatisfeito".

VOCÊ É GRATO, MAS QUER MAIS.

Passo 22

O DINHEIRO NÃO PODE SER UM CORPO ESTRANHO

Uma vez eu estava conversando com um amigo, e ele explicava a teoria de o dinheiro não poder ser um corpo estranho.

Na biologia, um corpo estranho é visto como um inimigo que precisa ser combatido. Sempre que detecta um corpo estranho, o organismo começa a trabalhar para que ele seja eliminado.

Com o dinheiro funciona da mesma forma.

Se você não vê dinheiro na sua casa e de repente aparece uma nota de 100 reais na sua carteira, o que você vai fazer? Vai gastar tudo, para eliminar o corpo estranho.

Um dos motivos para o dinheiro ter se tornado um corpo estranho é que, por medo de serem roubadas, as pessoas passaram a escondê-lo, usando apenas meios eletrônicos para qualquer transação financeira. Isso torna o dinheiro algo escasso na sua mente.

Vamos acabar com isso agora. Seu desafio será espalhar notas de dinheiro pela sua casa. Perca o medo de ser roubado. Faça um quadro de vidro e coloque a nota dentro dele. Se você não puder dispor das notas verdadeiras neste momento, use notas de mentira – não tem o mesmo valor, mas é melhor do que nada. E lembre-se de, na primeira oportunidade, substituí-las por notas reais.

Eu tenho notas espalhadas por toda a minha casa: uma de 100 reais na gaveta de meias, uma de 100 dólares canadenses na geladeira, notas de 50 euros no escritório. Por onde quer que eu ande dentro de casa, vejo notas. Para o meu cérebro, o meu inconsciente, aquilo é normal. Assim, quando o dinheiro aparecer, não vou estranhar.

Outro ponto importante é a sua carteira. Ela não pode ficar vazia. Na sua carteira tem que ter sempre um bom dinheiro. Você precisa ter dinheiro consigo e nos lugares para onde olha, para ver que ele é real.

O ideal é que você use a maior nota do seu país, porque isso vai dar a sensação de riqueza. Você pensa: "Não vou gastar, mas eu tenho!". Pode ser que, no começo, você não tenha essa nota. Comece com notas menores, então, de 10, 20 ou 50 reais. Você vai ver que, com o tempo, a maior nota vai aparecer.

Também não tem problema nenhum você gastar as notas que estão espalhadas pela casa. Dinheiro é energia, e a energia precisa circular mesmo. O importante é que, sempre que gastar a nota, você a reponha.

VOCÊ VAI VER QUE, COM O TEMPO, O DINHEIRO VAI SE TORNAR SEU AMIGO!

Passo
23

PARE DE TROCAR TEMPO POR DINHEIRO

Você nunca vai ser rico se trocar tempo por dinheiro. Eu sei que é uma revelação dura, mas vou explicar. Toda e qualquer profissão em que você troque suas horas por dinheiro nunca vai deixar você rico. Por exemplo: dentista, pedreiro, pintor, nutricionista, professor... Esses profissionais podem viver felizes, ter uma ótima vida, com prosperidade, mas nunca terão a liberdade que a riqueza de verdade proporciona.

Mas calma! Não tem nada de errado em trocar suas horas por dinheiro. Na verdade, 97% das profissões no mundo são pautadas nisso. Mas a riqueza de verdade surge a partir do momento em que o seu dinheiro não depende mais de você vender a sua hora. Entenda: você tem um limite de horas por dia. Dessa forma, o seu ganho de dinheiro também é limitado. Você até pode trabalhar mais horas, mas isso definitivamente não vai torná-lo mais livre.

Pense em um médico renomado que cobre 60 mil reais por cirurgia. Ele pode fazer duas ou três por dia. Parece ótimo. Ele fatura realmente muito dinheiro e, de quebra, ainda melhora a vida e a saúde das pessoas, oferecendo soluções de que elas precisam. Mas eles são livres? Podem fazer o que quiserem na hora em que quiserem? Não!

A maioria das pessoas que tem esse tipo de profissão pode até estar com o bolso cheio de dinheiro, mas não tem muito tempo para viver. A única saída para elas é amar o que fazem, porque passam mais tempo trabalhando do que fazendo qualquer outra coisa.

Agora, vamos pensar em uma profissão mais comum, como um professor. Ele tem liberdade para ir e vir? Não, porque tem um número de horas semanais a cumprir. Mas pelo menos ele é rico? Também não!

Então, como é possível ter as duas coisas na vida, riqueza e liberdade?

A riqueza vem do acúmulo consistente de dinheiro, de você ter mais do que precisa, de ter seu lastro e ter liberdade financeira, que é poder parar de trabalhar e mesmo assim manter o seu padrão de vida até a morte. Entretanto, se a pessoa não pode parar de trabalhar, porque não tem outra fonte de renda, ela não tem liberdade.

Este é um bom jeito de avaliar a vida: pensando em dinheiro e liberdade.

Hoje em dia, porém, é muito raro conseguir conquistar um patrimônio incrível, crescente, acumulado e ainda ter liberdade de fazer o que quiser.

Mas então não tem solução? Claro que tem. Basta deixar de lado a ideia de que liberdade é não trabalhar e substituí-la pela ideia de que liberdade é trabalhar com o que se ama. **Quando o seu ofício deixa de ser uma obrigação e passa a ser uma forma prazerosa de servir à humanidade (que ainda lhe dá dinheiro), você se torna livre.**

E isso não é nenhum bicho de sete cabeças. Qualquer trabalho é importante para alguém ou para alguma parcela da sociedade. Você está servindo e cumprindo um papel.

"Mas eu posso ser livre sendo funcionário público?" Pode, sim. Para você ser rico, precisa ir tirando parte do seu dinheiro que sobrar todos os meses, para ir acumulando e colocando esse dinheiro para trabalhar para você. Você vai continuar trocando tempo por dinheiro lá no seu emprego público, mas terá criado outra fonte de renda, fazendo seu dinheiro trabalhar para você, ou seja, investe o que sobra e faz se expandir.

Se continuar acreditando que o dinheiro vem apenas de vender as suas horas, você nunca vai ficar rico.

Passo

24

RESPONDA A ESTAS TRÊS PERGUNTAS E FIQUE RICO

Perguntas têm o poder de mudar o seu estado mental em segundos. Elas têm a capacidade de tirar uma pessoa de determinado caminho e colocá-la em outro muito mais alinhado com a riqueza.

Hoje quero que você se faça as seguintes perguntas sobre o seu próximo nível e o estilo de vida que quer ter:

1. Como posso aumentar em 3 vezes a minha receita, sem ter que me matar por isso e mantendo a minha essência?

_____
_____
_____
_____
_____
_____
_____
_____
_____
_____

2. Como posso ter múltiplas fontes de renda? (E que tenham afinidade com quem eu sou).

3. Como posso aumentar o meu valor de mercado? Como posso ser uma pessoa que vale mais, custa mais caro e é mais valorizada?

_____
_____
_____
_____
_____
_____
_____
_____
_____
_____

Eu quero que você se faça essas perguntas hoje, amanhã e depois. Quero que as tenha sempre em mente, como se estivesse falando com o universo, para que ele ouça e lhe responda em forma de intuição e criatividade.

Essas são três perguntas capazes de tirar o seu cérebro da zona de conforto e fazer você enxergar além.

Passo

25

ESPERE
O POSITIVO

Este é o maior segredo de todos: a expectativa positiva é a semente da prosperidade. Se alguém me disser que não tem riqueza, direi que essa pessoa é preguiçosa e está soterrada pela RPR, pois está cheia de crenças limitantes e já não consegue sonhar.

Espere sempre o que é positivo, o bem e coisas boas.

Pegue um papel, uma caneta e escreva várias vezes: **"Eu espero o que é positivo, eu espero o bem, eu espero coisas boas, porque a expectativa positiva é a semente da prosperidade".**

Esperar coisas boas com o coração aberto e a fé inabalável é o que cria toda a sua riqueza. Infelizmente, muitas pessoas têm medo de sonhar pela falta de confiança.

Se você está esperando o que é ruim e chato, é nisso que a sua vida se transforma. Todas as pessoas que elevaram o seu nível financeiro foram aquelas que aprenderam a esperar e a acreditar que existe algo de bom para acontecer. Elas vivem como se algo muito legal estivesse sempre prestes a ocorrer.

Mesmo que nada aconteça, sustente a expectativa de que estão surgindo coisas boas, novos amigos e novas oportunidades. Você precisa sonhar e acreditar!

Se não está conseguindo acreditar que o bem virá até você, esse é um problema de falta de estudo e dedicação.

Estamos tratando aqui de uma ciência exata, não tem como dar errado!

Se você tira as crenças limitantes, coloca as motivações certas para enriquecer e usa os pedidos da Matriz Divina, você prospera. Então, espere pelo positivo.

**Feche os olhos agora
e sinta que o bem
está vindo para você.
Ideias, pensamentos,
amigos, emoções, dinheiro...**

VOCÊ É UM ÍMÃ ATRAINDO TUDO O QUE HÁ DE BOM NO UNIVERSO.

SEJA RICO

"A expectativa *positiva* é a SEMENTE da PROSPERIDADE".

@BRUNOJGIMENES

Passo
26

SEJA MESTRE DAS METAS E ENRIQUEÇA SEMPRE

Você precisa se tornar o mestre das metas. Seja mestre na arte de criar, respirar, ajustar, repetir e recomeçar novas metas e comece a prosperar cada vez mais.

Isso significa que, a partir de agora, você não pode mais viver sem isso. Você precisa ter sempre, no mínimo, três metas de curto prazo (90 dias, por exemplo) e três metas de médio prazo (3 anos). Você até pode ter metas de longo prazo também, mas, nos treinamentos do Luz da Serra, sempre me concentro nas de curto e médio prazo. Acredito que, quando você ajusta a sua vibração para essas metas, as de longo prazo vêm como consequência. Posso afirmar que o sucesso que experimento hoje é uma consequência natural das metas de curto e médio prazo do passado. E isso é uma realidade para a maioria das pessoas que se dizem felizes com a vida que têm!

Mas o que afinal é ser um mestre das metas? Existem seis passos para você se tornar um.

1. Em primeiro lugar, você precisa ter clareza de quais são as suas metas de 90 dias e de 3 anos – **por escrito.** A escrita é o primeiro passo para a materialização. Anotar seus desejos é uma técnica muito poderosa.

Quando for registrar suas metas no papel, escreva como se já tivesse acontecido ou como se estivesse vindo na sua direção. Por exemplo: "Sou feliz e grato por essa casa maravilhosa." Se não consegue escrever como se já tivesse acontecido porque ainda não acredita, escreva que está feliz e grato pela casa linda que está vindo na sua direção. Mas não deixe de sentir como vai ser quando estiver dentro da casa e de imaginá-la com o máximo de detalhes possíveis.

2. O próximo passo é respirar a sua meta. Depois de escrever sem julgamento, tente visualizar a imagem da sua meta realizada. Se não conseguir, esse é um forte indício de que talvez essa meta não seja para você. É aqui que entra a questão de respirar. Durante alguns dias, volte ao que escreveu, feche os olhos e veja se a imagem da meta realizada começa a se formar.

Pode ser que, num primeiro momento, você tenha dificuldade por não estar habituado a fazer visualizações. Mas, se por muitos dias seguidos você não conseguiu visualizar, mude a meta.

Às vezes o nosso ego nos engana. Você acha que sua meta é um carro, uma casa ou um relacionamento perfeito, mas não é isso que você quer de verdade. O que você deseja é melhorar a sua autoestima, e assim o relacionamento virá naturalmente. Você acha que quer uma casa maior, mas quer mesmo se sentir bem e seguro. Então, quando acontece outra coisa que o faz se sentir bem e seguro, você acaba conseguindo comprar a casa dos seus sonhos.

Depois de fazer os ajustes necessários, você deve visualizar todos os dias e ficar atento ao que não consegue ver, pois tudo o que não consegue visualizar, você não consegue atrair nem manifestar. Você só manifesta o que consegue visualizar e sentir como real.

3. O terceiro passo é alinhar as expectativas. Se você conseguiu colocar sua meta no papel, foi capaz visualizá-la, mas ainda assim não está conseguindo alcançar o que deseja, talvez ainda não seja a hora de alcançar isso. Vá ajustando e testando.

As pessoas acreditam que metas são para se pedir uma vez só, mas não é assim que funciona. Portanto, sempre que necessário, ajuste a meta para que ela faça sentido.

4. Você precisa repetir a visualização das metas todos os dias. Uma boa opção é colocar um papel com as suas metas embaixo do travesseiro e, à noite, quando for dormir, se lembrar de fazer a visualização. Esse pedaço de papel funciona como uma ancoragem.

Seu objetivo deve ser conseguir enxergar um filme da sua vida com todas essas metas realizadas. Não precisa visualizar uma de cada vez, isoladamente. Quando você conquistar as suas metas, todas elas estarão entrelaçadas.

5. A partir do momento que você for repetindo, chegará à última fase: conquistar. Pouco a pouco, uma ou outra das suas metas – ou todas – vão se concretizando. Às vezes o Universo não respeita o seu tempo e traz uma meta de 3 anos em 30 dias. Ou a meta de curto prazo em anos. Basta você ir aceitando e remanejando.

6. O sexto e último passo é recomeçar. Assim que atingir uma meta, você deve substitui-la por outra nova. EU gosto de ter sempre seis metas em mente, porém não é errado você querer apenas uma neste momento. Contudo, eu não recomendo que você tenha mais de seis, pois isso pode afetar seu foco.

Seja um mestre das metas: crie, respire, ajuste, repita, conquiste e recomece. **E lembre-se: o único apego que você tem que ter é com o seu propósito de ser feliz. Não fique apegado às coisas que você tem ou vai deixar de ter.** Confie no seu caminho de riqueza.

Passo 27

SEJA UM MESTRE DA PROSPERIDADE

Se você quer ser um mestre da prosperidade, deve assumir a responsabilidade de estudar **como se a humanidade dependesse de você para evoluir.**

Calma! Não estou dizendo que você precisa dedicar todas as horas do dia a isso, mas que precisa se conscientizar de que a prosperidade deve fazer parte da sua rotina, como tomar banho ou escovar os dentes.

Sempre que pergunto às pessoas que buscam elevar o seu nível financeiro qual é a carga de estudo delas, 99% respondem que estudam, mas sem um comprometimento diário. Ou seja, elas gostam desse assunto e leem sobre isso esporadicamente, mas não aplicaram as técnicas, não leram muitos livros sobre o tema nem rabiscaram suas ideias no papel.

Estudar prosperidade é ser responsável. E não me refiro só a ter dinheiro – que é algo muito bom. Estou falando de energia e de ser alguém no mundo. Estou falando de entrar em um ambiente e ser a pessoa que contagia os outros e passa adiante os ensinamentos. Estou falando da energia de lidar com um problema e transformá-lo em algo positivo: **tudo isso é prosperidade!**

Você precisa ser uma chama da prosperidade. E para isso, tem que estar conectado aos melhores assuntos, sendo um estudante de desenvolvimento pessoal contínuo.

Outro ponto importante para você se tornar um mestre é não estudar só para você. Estude para ser um mentor, a pessoa que ensina. Todas as vezes que pego um livro, entro em um curso ou numa imersão, não estou estudando só para mim, estudo pensando em como ensinar ao próximo.

> **Sempre pense em como repassar
> o conteúdo que você aprendeu.
> Esse é o segredo para se
> tornar um mestre da prosperidade.**

SEJA RICO

"A DISCIPLINA
é a democracia
DO SUCESSO".

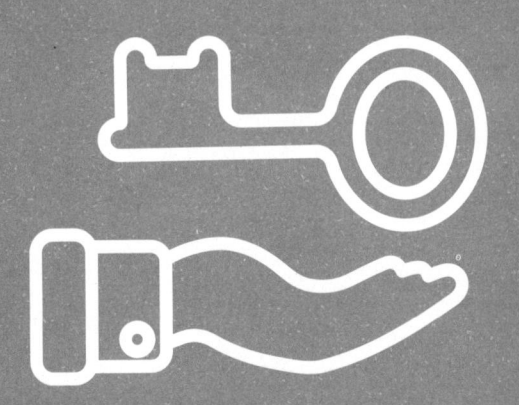

@BRUNOJGIMENES

Talvez você esteja aí achando que isso é muito difícil e que precisa ser muito inteligente para conseguir. Não é verdade. Se você se considera inteligente, ótimo. Porém, há pessoas que se consideram incapazes e sem estudo, e nem por isso elas não podem ser prósperas. A única coisa que interessa é a sua disciplina e a sua vontade. A persistência é o trunfo dos medianos e menos inteligentes.

Eu mesmo nunca fui o mais inteligente da minha turma no colégio. Mas, aonde quer que eu vá, sou sempre um dos mais persistentes. A persistência e a disciplina me acompanham em todos os lugares que eu vou.

Quando você se torna um mestre da prosperidade, se destaca. **Torna-se aquele que ganha mais, vale mais que todos os concorrentes, recebe as melhores propostas.** Mas não é só isso. Você também torna o seu time melhor e mais competitivo e ajuda os outros a prosperarem também.

Então estude com a responsabilidade de quem pode ajudar o mundo a evoluir. Porque, na verdade, você pode mesmo.

Passo 28

DOMINE AS QUATRO FORÇAS DO DINHEIRO

Eu sou um grande crítico daquela ideia de que, para enriquecer, é preciso apenas economizar feito louco ou deixar de fazer as coisas que você gosta. Isso não é prosperidade.

Muitos acreditam que, para a riqueza engatar em sua vida, você precisa parar de comprar algumas coisas e economizar. Que é preciso plantar agora para colher depois. Isso pode até fazer algum sentido, dependendo do momento de cada um. Mas chega uma hora em que você pode colher bastante, porque vai continuar plantando.

Eu não acredito em riqueza baseada em economia sem gastar nada. Isso faz de você uma pessoa sovina e tranca toda a sua prosperidade.

Economizar faz sentido enquanto você está colocando as coisas em ordem. Mas qual é a linha de equilíbrio entre economizar de forma saudável e inteligente e se tornar neurótico? A maioria das pessoas que vejo por aí são neuróticas. Elas até têm dinheiro, mas são "muquiranas" e miseráveis. Isso não é prosperidade.

Para que você não caia em um extremo nem no outro, é imprescindível conhecer as quatro forças do dinheiro:

FORÇA 1 - Ganhar ou fazer dinheiro. Você precisa ter dinheiro entrando sempre.

Força 2 - Gastar, para fazer o fluxo do dinheiro que você ganhou circular.

Força 3 - Poupar, ou seja, sempre reservar um pouco do que entra.

Força 4 - Investir, para que o dinheiro trabalhe para você e comece a trazer lucros extras.

Colocando tudo isso em prática, você terá equilíbrio e controle das quatro forças do dinheiro. Quando você ganha, precisa aprender a gastar também. Quando você gasta, precisa reservar um pouco para as economias. E, quando economiza, precisa colocar uma parte desse dinheiro para trabalhar para você, ou seja, investir.

Todas as vezes que uma dessas forças estiver em desequilíbrio, você sofrerá as consequências.

Eu vejo pessoas viciadas em economizar dinheiro, que não querem gastar de jeito nenhum. Mas isso não faz sentido para o fluxo da vida. Riqueza é fluxo, e quando você tranca um desses pilares, interrompe esse fluxo. Também não dá para gastar mais do que ganha, senão o fluxo seca.

> Se o que você ganha é insuficiente, precisa gastar menos ou ganhar mais. Ou você corta alguns gastos, ou arruma uma renda extra durante certo período. O ideal no período de alavancagem financeira é conseguir aliar os dois (**ganhar mais e gastar menos**).

Depois de ajustar o pilar "ganhar", não pode sair por aí gastando tudo. Você pode gastar um pouco mais, porém sem esquecer de poupar. Só que guardar o dinheiro só por guardar também está errado. Você precisa investir, escolhendo opções que façam o seu dinheiro render. Assim, a energia dele continua circulando. Você pode investir de diversas formas e, para isso, recomendo que procure um consultor financeiro.

Quando você consegue gerenciar e equilibrar os quatro pilares, sua situação financeira melhora e sua vida fica mais estruturada.

Passo 29

COLOQUE FERMENTO NAS SUAS METAS

A seguir estão algumas dicas para você turbinar as suas metas e fazê-las acontecer muito mais depressa. Não subestime a simplicidade dessas técnicas. Não levá-las a sério pode impedir você de elevar o seu nível financeiro.

1. QUADRO DAS VISÕES

Faça um quadro com imagens da internet ou de revistas que representem as suas metas. Assim, você terá uma imagem que possa associar à meta. Por exemplo, procure uma imagem que se pareça com a casa ou o carro dos seus sonhos e coloque no quadro. Recorte o corpo que você gostaria de ter com a sua cabeça no lugar. Se preferir, você pode desenhar. Nesse quadro você coloca atributos visuais e imagens daquilo que seria a vida dos seus sonhos em um futuro próximo.

Essa técnica tem um poder incrível, pois as imagens são a linguagem do seu subconsciente – e o poder do subconsciente é muito grande.

Concentre-se em você e nos seus desejos, coloque fotos dos países que quer visitar e imagens que representem o seu negócio.

Eu, por exemplo, coloquei no meu quadro um troféu de livros mais vendidos e, depois disso, consegui esse mérito mais de cinco vezes.

2. VISUALIZAÇÕES

Você precisa se tornar o mestre das visualizações, sempre imaginando suas metas prontas. Todos os dias. Feche os olhos e passe o filme das suas metas na cabeça.

3. OS 68 SEGUNDOS

Existe uma lei que determina o tempo mínimo de visualização das metas para que elas formem o quantum energético ou a matriz energética capaz de atrair o que foi pensado e fazer a Lei da Atração funcionar para você.

Então, você precisa visualizar e sentir como se as suas metas já fossem reais por, pelo menos, 68 segundos.

4. DIÁRIO DE BORDO DA VIDA PERFEITA

Tenha um diário onde você escreve o seu sonho como algo já realizado. Escreva contando quanto está feliz e grato por ter entrado no seu carro novo, como em apenas três minutos já estava no escritório, com seus melhores clientes querendo ampliar o projeto de vocês e que, no final da tarde, você foi jogar golfe com os amigos. Isso é um exemplo, claro. Você deve escrever a sua vida perfeita.

5. TESTEMUNHAS

Divida seus sonhos com pessoas de sua confiança, para que elas se tornem suas testemunhas. Diga: "Fulana, você é testemunha de que eu tenho a meta tal até tal data." Compartilhar suas metas com as pessoas em quem você confia tem um poder incrível.

6. AGIR DE FORMA CONDIZENTE

Viva e vibre na frequência dos seus sonhos. Se você quer ser rico, não se desmereça o tempo todo como se não fosse digno da riqueza. Já falamos sobre isso no passo 1. Essas atitudes baixam a sua vibração. Vá a um *showroom* de coisas caras como se tivesse todo o dinheiro do Universo, pois você tem esse dinheiro, ele só não chegou ainda.

SEJA RICO

"Se você *não* bloquear as **distrações** da vida, as DISTRAÇÕES **da vida** *vão* **bloquear** VOCÊ".

@BRUNOJGIMENES

Passo
30

SEJA
O MELHOR!

Você é um funcionário bom ou é o *melhor*? Como medir isso? Você se escolheria como sócio? Você se contrataria como funcionário? Se você fosse seu próprio funcionário, quais seriam os seus receios a seu respeito? Se você fosse seu próprio funcionário, como aumentaria o seu valor?

Pense sobre a importância de dar sempre o seu melhor. Alguns entendem esse processo como pressão, mas você precisa se lembrar do que é possível controlar. E só o que pode controlar é o fato de que vai fazer o seu melhor, com capricho.

Quem está alinhado à sua missão de vida e fazendo aquilo que gosta não recebe essa pergunta como pressão, mas como um desafio. As pessoas que não estão alinhadas é que vão sofrer, pois toda cobrança a respeito de alguma coisa pela qual não se é totalmente apaixonado gera comparação, e isso é avassalador.

Buscar ser o melhor só se torna um sofrimento quando temos as motivações erradas e fazemos algo que odiamos.

Responda as perguntas a seguir:

1. Você é um bom funcionário ou é o melhor funcionário?

_____
_____
_____
_____
_____

2. Você é um bom sócio ou é o melhor sócio?

_____
_____
_____
_____

3. Você é um bom líder ou é o melhor líder?

_____
_____
_____
_____
_____

4. Você se teria como sócio?

_____
_____
_____

5. Você se teria como funcionário?

_____
_____
_____

6. Se você fosse seu próprio funcionário, em quais aspectos teria que prestar atenção?

_____
_____
_____
_____

7. Se você fosse seu próprio funcionário, quais aspectos poderiam ser explorados?

_____
_____
_____
_____

8. Como você aumentaria o valor das coisas que faz?

_____
_____
_____
_____
_____
_____

Essas são perguntas sensatas, mas, para respondê-las devidamente, precisamos primeiro desmontar o julgamento. É muito comum que, num primeiro momento, você responda de um jeito. Mas, se eu perguntar de novo, na segunda vez você já vai responder de outra forma. **Por isso, este é um passo que deve ser revisitado várias vezes.**

Passo
31

MUDE PARA TER MUDANÇAS

Você está precisando de mudanças na sua vida, no seu trabalho ou no seu relacionamento, para enxergar outras formas de negócios e para criar coragem? **Querer mudança sem mudar é o mesmo que nada.**

Mudar significa tomar decisões diferentes das atuais. As perguntas que faço a você agora são:

Quais decisões você já tomou que são diferentes das que vinha tomando?

Você mudou algum dos seus hábitos, a sua rotina ou o seu trabalho?

Mudou o jeito como passa os fins de semana? Mudou a forma como dá ou não limite às pessoas?

Mudou alguma coisa no jeito como ganha ou guarda dinheiro?

Mudou suas fontes de renda?

Você tomou atitudes para que as coisas mudem e para se conectar com pessoas mais interessantes?

Que mudanças você fez até agora?

_____

_____

_____

_____

_____

_____

_____

_____

_____

_____

_____

_____

_____

_____

_____

_____

Querer mudanças sem mudar é insanidade. Você desenvolveu as motivações certas para prosperar? Começou a afirmar que pode, merece e é digno? Cortou lealdades tóxicas? Começou a controlar o que é a sua parte, e não o resultado? Começou a eliminar a culpa da fartura? Começou a limpar seus paradigmas? Começou a instalar o DNA dos vencedores? Começou a visualizar os seus sonhos prontos? Começou a enfraquecer seu perfeccionismo? Começou a agir e a cuidar do seu mundo interno e externo? Entendeu que tem múltiplos poderes e pode ir além da sua profissão? Respondeu às perguntas que aumentam o seu valor? Você está esperando o positivo? Você se tornou um mestre na arte de criar metas? Você está dominando as quatro forças do dinheiro? Está colocando fermento nas suas metas?

Neste exato momento, coloque a mão na consciência. Talvez você não consiga mudar tudo, mas está aqui para reconhecer e encarar seus defeitos e descobrir em que aspectos não está indo bem.

Não dá para ser rico se mantiver a ilusão de que é perfeito. Eu quero trabalhar com pessoas imperfeitas que estão dispostas a melhorar. Mas, para isso, você precisa refletir, colocar a mão na consciência, e fazer mais do que está fazendo. Se você quer driblar as dificuldades de uma cultura escassa e da RPR forte, não se contente com o bom. Busque a excelência. Dedique-se principalmente aos aspectos de maior dificuldade.

Que decisões você tomou que são diferentes das que vinha tomando antes? Repito: querer mudanças sem mudar é insanidade.

Você não pode controlar o resultado, mas pode controlar a sua parte. Qualquer mínimo passo que você dê já traz resultado. Não interessa quem você é ou onde está, só interessa o que você quer e quanto se dedica.

Não cometa o erro de ler este livro como um leitor passivo, apenas como forma de entretenimento! Esse pode ser o seu maior erro. Revise tudo o que viu até aqui e garanta que já está fazendo mudanças e aplicando os passos.

CHECK POINT:

Quais mudanças eu já implementei?

_____
_____
_____
_____
_____
_____
_____
_____
_____
_____
_____
_____
_____
_____

Passo 32

ENTENDA E MELHORE A IMAGEM QUE AS PESSOAS TÊM DE VOCÊ

Você se vê de um jeito, tem uma autoimagem, mas o mundo provavelmente tem outra imagem de você. Você sabe como as outras pessoas lhe enxergam? Sabe qual é a imagem que têm de você?

Certa vez, uma pessoa muito próxima de mim fez aniversário e ganhou diferentes tipos de cachaça, de mais de quinze pessoas. Como temos intimidade, perguntei a ele se não havia algo de errado com a imagem que estava passando, pois todo mundo achou que ele só gostava de beber. Isso mostra uma ancoragem dessa vibração.

Por outro lado, no tempo que passei no Canadá, eu vi um Porsche exatamente igual ao de um amigo meu. No instante em que vi o carro, me lembrei desse amigo. Num outro momento, vi uma pessoa passeando com seu *golden retriever* e me lembrei da minha amiga e sócia Patrícia Cândido. Tudo isso são sinais da ancoragem que fiz em relação àquelas pessoas.

Eu quero ajudar você a criar a ancoragem da riqueza. Quero que você seja uma referência de pessoa rica. Houve um período de muita escassez na minha vida, e todas as vezes que minha mãe vinha me visitar aqui no Rio Grande do Sul, ela "esquecia" algum dinheiro na hora de ir embora. Isso acontecia porque ela sentia a vibração de escassez e deixava sempre alguma quantia que achava que poderia me ajudar, afinal isso é um instinto da maioria das mães, não é mesmo?

Depois que passei a estudar prosperidade com afinco, sempre que ela vinha me visitar eu não a deixava pagar nada. Sempre me oferecia para pagar os jantares e passeios. Assim, comecei a passar para ela a impressão de ter um elevado nível financeiro. A consequência foi que a imagem que minha mãe tinha de mim mudou, ela ficou mais aliviada e feliz. Além disso, passou a jogar uma vibração de riqueza para mim.

O modo como você se veste, se barbeia, se maquia, cuida da sobrancelha, do cabelo e de si mesmo cria impressões nas pessoas.

Pense em alguns parentes e amigos. O que lhe ocorre imediatamente sobre cada um deles? Sem julgamento, apenas escreva o que vem à sua mente. Em seguida, se quiser, mande um áudio para cinco dessas pessoas e pergunte a elas qual é a primeira coisa que lhes ocorre quando pensam em você. **Faça uma pesquisa, mas tome o cuidado de não induzir seus amigos a dizerem apenas coisas boas sobre você.**

Se não gostar do que ouvir, não se revolte. Por mais que ainda não seja natural, você pode criar a referência que quer que as pessoas tenham de você. E como se faz isso? Como, por exemplo, eu faço as pessoas me relacionarem com a riqueza? Lembrando a elas que eu gosto de riqueza.

Quando for seu aniversário e perguntarem o que você quer ganhar, diga que quer qualquer livro sobre prosperidade, por exemplo. No Natal, quando for participar do amigo-secreto, peça qualquer coisa que traga riqueza. Mande mensagens de riqueza para seus amigos pelo WhatsApp. Quando estiver numa roda de amigos, compartilhe com eles seus últimos aprendizados sobre o assunto.

Assim, você vai construindo, passo a passo e no dia a dia, elementos que façam as pessoas lembrarem de você como um ímã de riqueza.

Comece a mudar a sua imagem perante o mundo. Deixe de ser aquela pessoa que está sempre reclamando de dinheiro ou que está sempre falando mal dos outros. Seja a pessoa que fala de riqueza, sonhos e metas.

CHECK POINT:

O que você pode fazer neste momento para melhorar a sua imagem de riqueza? (Pense em ações simples.)

Passo
33

SEJA UM BOM ALUNO! AVALIE-SE COM SERIEDADE

Entenda que desenvolver a riqueza é um processo. Pessoas de sucesso não esperam resultados imediatos. Nós trabalhamos para ter resultados, mas entendemos que o processo da vida leva tempo.

Eu me lembro de quando meu pai plantou um pé de jabuticaba e disse que ele só daria fruta depois de 20 anos. Eu fiquei tão triste! Era um menino de uns 12 anos e queria resultados imediatos. Meu pai, supersereno, respondeu que um dia o pé daria frutos. Esse imediatismo de menino de 12 anos não combina com o processo de construção da riqueza.

Existem algumas ações e desafios que fazem surgir dinheiro, mas a construção da riqueza depende de você estar ali, cultivando-a. Os elementos de que tratamos até aqui neste livro já seriam suficientes para você prosperar ao longo da vida. Se você é dedicado, provavelmente já está tendo resultados. Mas isso depende de outros fatores também, como, por exemplo, seu grau de maturidade no início desse processo.

O importante é respeitar o seu tempo. O imediatismo traz ansiedade, e a ansiedade quebra a Matriz Divina do processo de criação de metas.

Hoje quero que você faça uma revisão supersimples. A seguir, você vai encontrar a lista de todos os passos até aqui. Quero que se dê uma nota (10, 5 ou 0) para cada um deles. Não se trata de avaliar os resultados que você teve (porque não se podem controlar os resultados), mas sim a sua entrega e dedicação.

Se estiver cumprindo tudo com dedicação, dê nota 10. Se estiver fazendo pouco, dê nota 5. Se não estiver fazendo nada, dê nota 0. **Seja honesto e responsável!**

1. Motivações certas para enriquecer.
☐ 10   ☐ 5   ☐ 0

2. O poder do "Eu posso".
☐ 10   ☐ 5   ☐ 0

3. Aprenda a instalar novos hábitos.
☐ 10   ☐ 5   ☐ 0

4. Risco da lealdade tóxica.
☐ 10   ☐ 5   ☐ 0

5. O que você pode controlar.
☐ 10   ☐ 5   ☐ 0

6. Culpa da fartura.
☐ 10   ☐ 5   ☐ 0

7. Idiota das algemas de ouro.
☐ 10   ☐ 5   ☐ 0

8. Caixa ancestral de prosperidade.

☐ 10   ☐ 5   ☐ 0

9. Por que ficamos na zona de conforto?

☐ 10   ☐ 5   ☐ 0

10. DNA dos vencedores.

☐ 10   ☐ 5   ☐ 0

11. O que você tem diz quem você é (em termos da sua vibração).

☐ 10   ☐ 5   ☐ 0

12. Aprenda a enfraquecer o perfeccionismo.

☐ 10   ☐ 5   ☐ 0

13. O capricho é o pai da prosperidade.

☐ 10   ☐ 5   ☐ 0

14. Remova a sombra da família.

☐ 10   ☐ 5   ☐ 0

15. Você é tudo o que pode ser?

☐ 10   ☐ 5   ☐ 0

16. O mundo das possibilidades.

☐ 10   ☐ 5   ☐ 0

17. Seja mais rebelde.

☐ 10   ☐ 5   ☐ 0

18. Visualize a obra pronta.
☐ 10   ☐ 5   ☐ 0

19. Seu Universo externo.
☐ 10   ☐ 5   ☐ 0

20. Você tem multipoderes.
☐ 10   ☐ 5   ☐ 0

21. O vício do mais barato.
☐ 10   ☐ 5   ☐ 0

22. O dinheiro não pode ser um corpo estranho.
☐ 10   ☐ 5   ☐ 0

23. Pare de trocar tempo por dinheiro.
☐ 10   ☐ 5   ☐ 0

24. Responda a estas três perguntas e fique rico.
☐ 10   ☐ 5   ☐ 0

25. Espere o positivo.
☐ 10   ☐ 5   ☐ 0

26. Seja mestre das metas e enriqueça sempre.
☐ 10   ☐ 5   ☐ 0

27. Como ser um mestre da prosperidade.
☐ 10   ☐ 5   ☐ 0

28. 4 forças do dinheiro que você precisa dominar.

☐ 10   ☐ 5   ☐ 0

29. Coloque fermento nas suas metas.

☐ 10   ☐ 5   ☐ 0

30. Seja o melhor!

☐ 10   ☐ 5   ☐ 0

31. Se quer mudanças, mude!

☐ 10   ☐ 5   ☐ 0

32. Qual é a imagem que as pessoas têm de você?

☐ 10   ☐ 5   ☐ 0

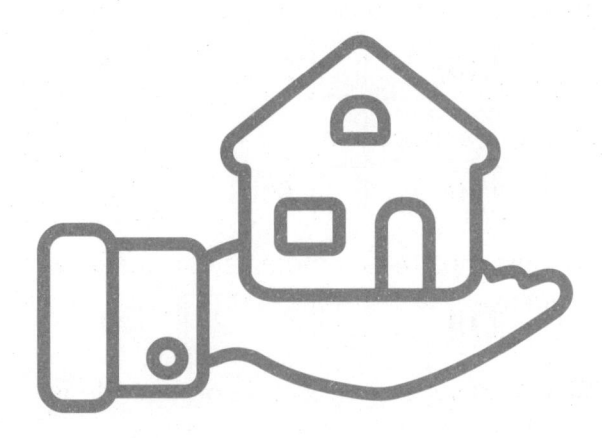

Passo
34

ENSINE A RIQUEZA

A riqueza tem seis pilares:

Pilar 1: Eu desperto as motivações corretas e manifesto a riqueza física e extrafísica.

Pilar 2: Eu removo as crenças limitantes e vigio para que elas não voltem.

Pilar 3: Eu conheço o mecanismo da Matriz Divina e da Lei da Atração. O que eu peço, o Universo me concede.

Pilar 4: Eu defino minhas metas de 90 dias e de 3 anos, e crio novas metas sempre que as alcanço.

Pilar 5: Eu vivo em sintonia com hábitos e atitudes de riqueza.

Pilar 6: Eu multiplico a minha riqueza ensinando e empreendendo.

Agora tenho um **desafio** para você relacionado ao pilar 6. Este exercício vai fazer essa energia circular na sua vida. É muito simples: você vai **mandar um áudio** de WhatsApp (ou o seu aplicativo de conversa) individual para alguns amigos.

> **1.** Faça uma lista de três pessoas com quem tem afinidade.
>
> **2.** Mande uma mensagem para essas pessoas contando que está lendo um livro sobre riqueza e que tem um exercício para fazer: propagar o que vem aprendendo. Então pergunte: "Você gostaria de receber uma mensagem minha sobre o que eu estou aprendendo?".
>
> **3.** Se alguém responder que sim, mande uma mensagem com algumas lições que você aprendeu neste livro (você decide se será algo mais longo ou mais curto, não importa). Se disserem que não, sem problemas. Respeite o livre-arbítrio.

Depois de mandar os áudios, espere 12 ou 24 horas e pergunte à pessoa o que ela achou sobre o conteúdo que você enviou.

Se você quiser fazer com mais de três pessoas, não tem problema. Esse exercício também vai começar a mudar a imagem que as pessoas têm de você, por isso é tão importante.

CHECK POINT:

Para quais pessoas vou mandar a mensagem?

_____
_____
_____
_____
_____
_____
_____
_____
_____
_____
_____

Passo 35

DESENVOLVA A HABILIDADE DO ESPAÇO MENTAL

24 H

Você fez o desafio do passo anterior? Como se sentiu? Seus amigos responderam? Como foi a sensação de ser um canal da prosperidade? Não fique chateado caso algum amigo não tenha respondido. Entenda que todas as pessoas têm seu próprio tempo para aprender as coisas.

Tempo! Quantas vezes não nos damos isso?

Você precisa de espaço mental, de tempo para pensar. Você precisa aprender a criar esse espaço. Podem ser três minutos pela manhã, ou dez minutos antes de dormir, para pensar na vida, no que você quer e no que não quer também.

Pensar é um hábito que estamos perdendo, e você precisa entender a importância de desenvolver espaço mental. Não estou falando de ficar em silêncio e deixar a sua mente vagando loucamente de um lado para o outro.

Criar espaço mental é conseguir respirar, relaxar e agradecer. Perceber os pensamentos na sua cabeça e simplesmente deixá-los ir.

Todo mundo sofre de estresse, tem problemas, parentes doentes... **No meio disso tudo, é essencial fazer uma parada no seu dia para clarear e acalmar a mente.**

Por isso, agora quero pedir que você respire, relaxe e se prepare para o desafio do próximo passo. Ele será muito importante para mudar os seus paradigmas e a sua capacidade de atrair riqueza.

NO MEIO
DISSO TUDO,
É ESSENCIAL
FAZER UMA
PARADA NO SEU DIA
PARA CLAREAR
E ACALMAR A MENTE.

Passo 36

RECONHEÇA AS SUAS CONQUISTAS

Algumas pessoas acreditam que a riqueza só estará se manifestando quando vier um iate ou uma nave espacial. Entretanto, a riqueza é um campo de energia, é uma vibração constante, é um estado de ser. E tudo isso você vai conquistando antes mesmo do material chegar às suas mãos.

Sentir-se bem é o que realmente importa, pois é o seu ponto de atração que muda tudo. Sem isso, nada faz sentido. Não há sentido se você não valorizar as suas conquistas.

Hoje quero que você reflita o que mudou nos seus sentimentos desde que começou a ler este livro. Qual é a sua expectativa agora? Como está o seu ânimo agora? Qual foi o tamanho da mudança que já aconteceu em você? Quais foram as suas conquistas? O que as pessoas estão falando de você? Você sente que está valendo a pena e que foi uma boa decisão começar esta leitura?

Quero que você escreva todas as suas conquistas, como se estivesse conversando com um amigo.

E não precisam ser conquistas materiais. O sucesso material é ótimo, mas a riqueza não pode ser medida apenas assim. O principal ponto da prosperidade é o extrafísico, que diz para onde está indo a nossa vibração.

Escreva uma carta contando tudo o que está acontecendo na sua jornada!

BRILHA PROSPERIDADE

CHECK POINT:

Quais são os principais pontos de conquista que você vai colocar na sua carta de celebração?

_____
_____
_____
_____
_____
_____
_____
_____
_____
_____
_____
_____
_____
_____
_____
_____
_____
_____
_____
_____

Passo 37

EXORCIZE O "JEITINHO"

Só quero lhe fazer algumas perguntas: Você está comprometido? Ficar rico virou um tratado, uma decisão na sua vida? Estudar sobre a riqueza já virou rotina? Você já tem o melhor material e o conteúdo mais completo. Você tem um mentor, treino e um método perfeito.

Se já virou rotina, quanto tempo por dia você está dedicando à sua riqueza? Você só vai gerar resultados quando controlar a sua consistência e intensidade. Além disso, está focado no que pode controlar ou está tentando controlar os resultados?

Se não estiver em perfeito alinhamento, faça novamente a limpeza de crenças e dos medos, porque, daqui para a frente, não vai dar mais para procrastinar. Não tem jeitinho.

PROSPERIDADE NÃO TEM JEITINHO NEM TOLERA AUTOSSABOTAGEM!

Passo 38

APRENDA A LER O SEU PARADIGMA

Paradigmas são os seus conjuntos de crenças. São eles que definem o seu nível de escassez e sofrimento, bem como o seu nível de riqueza e prosperidade.

Quando falamos do baú ancestral de prosperidade, você buscou conhecer as crenças dos seus pais e dos seus avós.

Mas só isso não é suficiente. Você ainda tem muitos outros paradigmas que foram implantados em você até os seus 12 anos. Por isso agora você precisa ir mais fundo nessa investigação. Quem eram as outras pessoas que mais conviviam com você, além de pais e avós?

Pense em quem eram seus amiguinhos de infância. Você frequentava muito a casa deles? Porque até a estrutura da família desse amigo pode ter tido influência sobre seus paradigmas. Que tipo de música você gostava de ouvir?

Investigue o seu passado para que entenda seus paradigmas. Eu, por exemplo, tinha o paradigma de que ter sócios dava problema e que acordar tarde era errado, era coisa de vagabundo, mesmo que eu tivesse dado aula até uma da manhã. Essas crenças não eram minhas, eu as peguei de outras pessoas.

As horas que você trabalha também não definem se você é vagabundo ou não, como eu acreditava. Pode ser que a pessoa tenha diversas fontes de renda e precise trabalhar apenas duas horas por dia. Isso não a torna uma vagabunda.

Investigue a sua mente em busca das coisas que você mais fala, das coisas em que acredita e, principalmente dos julgamentos que faz. Julgamentos são excelentes reflexos de paradigmas.

Você é cheio de paradigmas que ainda não conseguiu identificar. É por isso que precisa buscá-los. Quando você entender o seu conjunto de paradigmas, você vai conseguir dar o próximo passo.

CHECK POINT:

Investigue seus paradigmas e anote aqui percepções que teve (mesmo que não tenha certeza, anote, esse é o começo de um hábito valioso).

_____

_____

Passo 39

ENTENDA AS FERRAMENTAS PARA ATRAIR DINHEIRO RÁPIDO

Existem algumas ferramentas para atrair dinheiro rápido que ativam em você o ímã da riqueza.

Nós já falamos da importância de ter notas de dinheiro espalhadas pela casa. Você já fez isso? Já está se acostumando a ver o dinheiro? Lembre-se de que aquilo que eu vejo, eu acredito, e o que eu acredito, eu replico. Espalhe de 3 a 5 notas de dinheiro em lugares que você veja todos os dias.

Outra prática muito séria que eu e a Patrícia Cândido ensinamos na *Maratona da Riqueza* (imersão on-line gratuita que fazemos frequentemente) é **tomar café com dinheiro. Funciona assim:** você faz o seu café ou o seu chá e, embaixo da xícara, deixa a maior nota de dinheiro que tiver na carteira. Enquanto toma a sua bebida, vai mentalizando que todo o dinheiro que é seu vem para você e que você atrai mais notas daquela.

Pode ser com qualquer bebida que você tome pela manhã ou antes de dormir. Para a técnica funcionar, mentalize sempre com respeito e fascínio, não com ambição ou raiva. Não subestime a simplicidade dessa prática, ela é poderosa!

Uma terceira ferramenta é mexer com o "espírito do dinheiro". Pegue a sua carteira de vez em quando e coloque tudo o que tiver dentro dela e que tenha relação com dinheiro em cima da mesa. Sintonize a energia desses objetos – cartão de crédito, notas, moedas –, agradecendo o espírito do dinheiro.

Também é importante você **trocar o conceito de "contas a pagar" por** "bênçãos a pagar", e comece a prestar atenção em tudo que você paga com desgosto e energia negativa. Você precisa pagar todas as suas contas com gratidão, pois essas pessoas estão lhe prestando um serviço. Mude a sua mente e comece a celebrar as contas a pagar.

Por fim, seja grato ao Universo. Celebre a riqueza com um "Brilha prosperidade!" Sinta gratidão por todos os presentes da vida, mesmo os menores. As pessoas normalmente só pedem, mas se esquecem de agradecer, gerando desequilíbrio. **Fique atento a isso e seja grato.**

CHECK POINT:

Quais técnicas de magnetismo do dinheiro você tem feito? Como você tem feito?

_____
_____
_____
_____
_____
_____
_____
_____
_____
_____
_____
_____
_____
_____
_____
_____

Passo

40

LOCALIZE SEUS MEDOS COM CLAREZA

Existem dois tipos de medo: o real e o irreal. Só para exemplificar, imagine que uma pessoa precisa fazer uma apresentação, mas se sente insegura. À medida que ela vai se preparando e treinando, adquire confiança no tema e em si mesma, e vai perdendo o medo de falar em público. Quando chega a hora de fazer a apresentação, ela tem um pouco de receio, mas confia em sua oratória e no domínio do conteúdo.

Quando se está pronto, o medo é irreal. Agora, se ela não se preparasse, aí, sim, o medo seria real.

O que acontece é que **muitas vezes nos deixamos dominar pela insegurança e alimentamos medos irreais,** e isso pode acabar escondendo os medos reais, aqueles que deveríamos identificar e enfrentar.

É por isso que agora você precisa analisar os seus medos e separar o que é real ou irreal. O exercício é muito simples: pegue uma folha e escreva todos os medos que você tem. Em seguida reflita sobre cada um deles e classifique-os com R (reais) ou com I (irreais).

A coisa mais preocupante a respeito do medo é que ele se transforma em um controlador – controlador da vida, das pessoas e das coisas. O controlador desconecta você do fluxo da vida, o faz perder a intuição e a criatividade. E, para mim, a principal característica que deixa uma pessoa rica é a criatividade, pois só ela ajuda a pessoa a sair de seus paradigmas.

Se você não tivesse os medos que tem, seria mais do que realmente é. Isso vale para mim, para você e para todo mundo. Por isso, o nosso trabalho é entender e mapear os medos, para fazer um exercício interno e vencê-los.

Se tem muito medo do que os outros vão pensar, vai fazer de tudo para que não pensem em você. Consequentemente, acabará evitando ir a lugares e fazer coisas legais. Ao fazer isso e tentar controlar tudo, você não permite que a vida floresça e mostre tudo o que ela tem para dar. **Enquanto viver sendo controlador, não vai ouvir o Universo falar com você.**

A partir de agora, você precisa entender que existem mesmo coisas que causam medo, como a falta de dinheiro para pagar as contas do mês. E os medos irreais são aqueles que só existem na sua cabeça, mas ainda não se manifestaram na sua vida.

Comece essa lista hoje. Se você for uma pessoa dedicada, vai passar muito tempo com ela. Depois de identificar nos medos reais, pense em como você pode se preparar para eles ou mesmo prevenir que essas situações aconteçam. Por exemplo: uma pessoa que tem medo de trocar de carreira, pois, ao deixar seu emprego, não vai ter a mesma renda, tem um medo real que pode ser sanado com planejamento. Mas uma pessoa cujo medo é trocar o certo pelo duvidoso tem um medo irreal. Não trocar o certo pelo duvidoso mantém você no medo de não achar outro caminho, e isso não é real.

CHECK POINT:

Investigue os seus medos e anote-os. Depois, na frente do medo simplesmente classifique-o como R (real) ou I (irreal).

_____
_____
_____
_____
_____
_____
_____
_____
_____
_____
_____

Passo
41

USE ESTES DOIS ELEMENTOS QUE ACELERAM A SUA RIQUEZA

Eu estive no Canadá recentemente e ouvi a expressão *to shadow someone*, que significa espelhar alguém ou ser a sombra de alguém. Fiquei pensando muito nisso e entendi que, no contexto da riqueza e do sucesso em geral, isso funciona.

Existem dois pontos fundamentais no processo de aceleração da riqueza: imersão e referências.

No *audiobook Viva a sua missão*, eu falo sobre o fluxo da referência, o sexto fluxo da prosperidade. Uma vida sempre se desenvolve com referência em outra.

Se você quer ter sucesso na sua carreira, por exemplo, deve escolher outro profissional da sua área que já tenha conquistado o sucesso que você almeja, e se tornar a sombra dele.

Antes de mais nada, é preciso entender que ser a sombra de alguém não é "ser obsessor". Estou falando de você seguir os passos da pessoa que considera um exemplo. Estude alguns casos de sucesso (não escolha pessoas que são muito conhecidas e clichês). Com tempo e paciência, faça uma busca sobre quem é essa pessoa para você.

O segundo elemento são as imersões. Participar de uma imersão é uma das coisas mais poderosas que existem, pois você adquire em pouco tempo um conhecimento de anos, justamente por isso que fazemos a *Maratona da Riqueza* on-line.

EXPERIMENTE TRAZER ESSES DOIS ELEMENTOS PARA A SUA VIDA E VEJA COMO ELES PODEM TURBINAR A SUA RIQUEZA.

SEJA RICO

"Eu posso.

Eu mereço.

Eu sou digno."

@BRUNOJGIMENES

Passo

42

ACESSE A PODEROSA MEMÓRIA DA GRATIDÃO

Existem muitas pessoas na sua vida a quem você deveria ser grato se lembrasse o que elas fizeram. Por isso, neste momento, quero que você faça uma investigação na sua vida. Quem são as pessoas de quem você já quase não se lembra, mas que foram fundamentais em algum momento?

Quando você nasceu, existia alguém que ajudava a cuidar de você?

Uma amiga da sua mãe ou algum tio?

Na escola, havia algum amigo que ajudava você a passar naquela matéria difícil?

Ou alguma professora que fez algo diferente por você?

Ou no seu primeiro dia de trabalho, quando apenas uma pessoa foi receptiva com você?

Faça uma lista dessas pessoas.

Lembre-se de quando você fez autoescola, quando viajou pela primeira vez sozinho, quando se casou, quando teve filho. Pense em situações em que pessoas lhe ajudaram muito, mas que você já nem se lembrava mais.

Pesque na sua história pelo menos 20 pessoas a quem você deveria expressar mais gratidão. Com a lista feita, mentalize todos os dias, enviando energias boas para essas pessoas. Para algumas, você até pode realmente mandar uma mensagem agradecendo.

Lembre-se, riqueza é um campo de energia, um ecossistema. Aqui você está buscando ajustar esse campo.

CHECK POINT:

Faça sua pesquisa de gratidão e anote aqui.

_____
_____
_____
_____
_____
_____
_____
_____
_____
_____
_____
_____

Passo 43

O "CHA" DA PROSPERIDADE

A prosperidade vem de vencer pequenos medos, tratar pequenas crenças e reconhecer quem nós somos em essência. Quando ajustamos pequenas coisas no nosso dia a dia, começamos a experimentar grandes resultados. Esse é o conceito de *small shift*.

Entre essas pequenas coisas está o "CHA" mais poderoso do Universo, o CHA da prosperidade. **O "C" é de consideração; o "H" é de honrar; e o "A" é de amor**.

Nós temos o costume de fazer algo muito errado: nós julgamos, criticamos ou elogiamos as pessoas que passaram pela nossa vida. Amamos algumas pessoas e simplesmente não gostamos de outras. Isso é um grande erro.

O CHA da prosperidade vai acabar com isso de uma vez por todas e vai mudar a sua vida. **Entenda que todas as pessoas que fizeram parte da sua história têm valor, mesmo as que você não suporta.** Para entender isso melhor, pegue uma folha de papel e divida-a em três colunas: C, H e A.

Na coluna C, escreva os nomes das pessoas por quem você tem consideração: aquelas que você acha que são legais e por quem tem certa gratidão, como colegas de trabalho.

Na coluna do meio, a H, coloque todas as pessoas com quem você tem conflitos, quer longe e de quem não gosta.

Na última coluna, a A, liste todas as pessoas que você ama: pai, mãe, irmãos, primos... Esse é o lugar daquelas pessoas que não poderiam faltar no seu aniversário.

A primeira coluna é uma das coisas mais poderosas na sua vida. Quem lhe fez mal ou o prejudicou, realmente forjou você. Você mandou para essas pessoas as suas mágoas, tristezas e dores. Mas agora chega. É hora de aprender que elas precisam ser honradas. Todas as pessoas da sua vida precisam entrar em uma das classificações do **CHA:** C de consideração, H de honra ou A de amor.

Eu falo muito sobre isso quando trato de gratidão. O fato de você não gostar de alguém não pode anular a gratidão que você deve sentir por essa pessoa. Isso é honrar a existência daquele ser humano. **Entenda: todas as pessoas que passam pela nossa vida são um presente ou uma lição, mesmo as que você não gosta. E, se não fosse por elas, você não seria quem é hoje.**

Quando só há dor e rancor por algumas pessoas da sua vida, você não prospera. A melhor forma de superar isso é honrá-las. Não precisa perdoar quem lhe fez mal, fingir que ama nem fazer pazes. Basta reconhecer o papel dessas pessoas na sua vida.

CHECK POINT:

É hora de usar o CHA da prosperidade. Faça seu tema!

C	H	A
Por quem você tem consideração?	De quem você não gosta?	Quem você ama?

SEJA RICO

Seja um mestre das metas:

crie, respire, ajuste, repita, conquiste e recomece.

@BRUNOJGIMENES

Passo 44

USE O PODER DA AUTOSSUGESTÃO

A esta altura, você até já decorou: *o que eu vejo, eu acredito. O que eu acredito, eu replico. O que eu replico se torna a minha realidade.*

Então, seja um especialista em observar as comunicações ao seu redor. Preste atenção em todas as informações que estão entrando na sua cabeça todos os dias, principalmente o que já entrou no piloto-automático.

Mas, acima de tudo, seja um expert da autossugestão.

Veja o que você tem dentro da sua casa que está comunicando a autossugestão no seu inconsciente. Olhe para os quadros e imagens pendurados nas paredes. Analise as notícias e informações que você consome diariamente.

Existe uma força muito poderosa ao criar o seu quadro das visões, já falamos disso. O poder do quadro das visões é justamente jogar para o seu inconsciente todas as suas metas e sonhos. Isso ajuda a realizá-los.

Neste momento, entenda que tudo o que está ao seu redor se comunica com você. A roupa das pessoas com quem você mais convive comunica alguma coisa. A música que você escuta todos os dias comunica algo a você, assim como os filmes e as séries a que você assiste. Tudo que está sendo comunicado a você está entrando no seu inconsciente. Por isso você precisa estar muito atento ao que está deixando entrar.

Se por acaso perceber que deixou escapar para dentro a comunicação intensa e massiva da RPR, use o neutralizador da autossugestão: **a natureza**.

As imagens da natureza, como o céu, o mar, o verde das árvores, os jardins etc., têm o poder de anular a comunicação massiva que está ao seu redor.

Além disso, não há nada mais poderoso para fazer o consciente e o inconsciente pararem de brigar e buscarem as mesmas coisas do que a autorresponsabilidade.

SEJA RICO

Bata no peito e diga que **VOCÊ PODE** e *consegue* fazer a sua parte.

@BRUNOJGIMENES

Passo 45

PREPARE-SE PARA AMPLIAR SUA VISÃO DE MUNDO

Eu tive uma gatinha de estimação que faleceu muito cedo, de hepatite. O nome dela era Matita. Nós morávamos em uma casa num condomínio fechado em Nova Petrópolis, sem grades nas janelas, mas costumávamos manter as cortinas fechadas.

A Matita ainda era pequena e por isso não conseguia subir no sofá para olhar através do vidro. Um dia, quando ela ficou maior, conseguiu subir no sofá e nós abrimos a cortina para que ela pudesse ver a janela.

Naquele momento, a gatinha percebeu que o mundo lá fora era muito maior que o mundo onde ela havia nascido e crescido.

O mundo dela sempre tinha se limitado a uma casa tipo sobrado, com um pequeno quintal do qual ela podia usufruir.

Depois que teve a chance de olhar pela janela, ela passou dois dias com a cara grudada no vidro, fascinada com tudo o que estava vendo lá fora. O seu comportamento mudou completamente, e ela não saía daquele sofá.

Estou lhe contando essa história porque, no próximo passo, vamos começar um desafio, e **quero que você esteja tranquilo e preparado para ampliar a sua visão de mundo**, assim como a Matita ampliou a dela. Na verdade, daqui para a frente, teremos dois desafios de sete dias cada. O primeiro será de preparação mental, e você vai precisar de criatividade e alguns minutos por dia para escrever algumas coisas.

Depois, teremos o desafio final, com mais sete dias de realização. Não se preocupe que não vai ser nada complicadíssimo, será tudo bem parecido com o que tenho orientado você a fazer até agora, com técnicas e práticas que vão abrir as cortinas da sua janela.

Passo 46

DESAFIO RENDA EXTRA – DIA 1

O **Desafio Renda Extra começa agora!** Você é um ser de múltiplas possibilidades, com um grande potencial. Entretanto, muitas vezes nós vamos entrando dentro de uma caixinha e nos espremendo ali. E só o que está dentro da caixinha se torna a nossa realidade.

A primeira parte consiste em você anotar todos os dias, durante sete dias, 10 ideias de como poderia ganhar dinheiro extra. **As ideias podem ser bem simples, mas é preciso que possam ser executadas.**

Pense nas suas habilidades e as explore. Resgate atividades que você gostava de fazer no passado e pense em como pode ajudar outras pessoas. Tente encontrar coisas que você realmente poderia colocar em prática se precisasse fazer dinheiro extra.

Não importa se essas ideias podem trazer ganhos grandes ou pequenos. Pode ser vender objetos que estão largados sem uso na sua casa. Também podem ser investimentos. Existem muitas possibilidades.

Abrir a sua mente para gerar renda extra é um passo muito importante.

Carregue um caderninho com você para ir escrevendo à medida que as ideias forem surgindo. Se tiver muitas ideias de uma só vez, guarde algumas para

o outro dia. O importante é anotar 10 ideias todos os dias, por uma semana.

CHECK POINT:

Minhas 10 ideias de rendas extra do dia são:

_____
_____
_____
_____
_____
_____
_____
_____
_____
_____
- -
- -
- -
- -
- -

Passo 47

DESAFIO RENDA EXTRA – DIA 2

Hoje é o segundo dia do Desafio Renda Extra, que vai fazer milagres na sua vida, vai abrir a sua consciência e ainda vai fazer você se divertir.

Você pode até sofrer um pouquinho, mas isso significa que está lidando com velhos padrões. É como um músculo se adaptando aos exercícios na academia. Depois que ele sofre um pouco, o corpo se reinventa e vai ganhando massa.

Eu sei que tudo isso gera um pouco de desconforto, mas isso é muito bom. As pessoas que aceitam o desafio e o cumprem até o final se transformam de verdade.

Você pode ter tido muita ou nenhuma facilidade ontem, listando 10 coisas que poderia fazer para gerar renda extra. Hoje você vai repetir o mesmo exercício. Mas preste atenção: não vale repetir os itens.

Confie em mim. Este exercício vai eliminar de uma vez por todas esse paradigma que diz que uma pessoa só pode ter um meio de ganhar dinheiro. **Você pode fazer dinheiro de múltiplas formas, jeitos e oportunidades.**

Não quero dar nenhuma ajudinha, mas existem muitas coisas que você pode fazer. Você pode organizar eventos on-line, pode ser afiliado de um produto digital, pode fazer bolo e brigadeiro, pode vender roupas usadas, dar consultoria sobre alguma habilidade que tem.

Liste todas as coisas que você conseguiria entrar em campo e fazer.

Você não chegou aqui à toa, você consegue! Busque ideias assistindo à televisão ou saindo na rua e olhando as atividades das pessoas. Olhe para todos os cantos e perceba os sinais e as coincidências.

Não coloque coisas impossíveis. Apenas coisas possíveis e de curto prazo, que você possa implementar rapidamente.

CHECK POINT:

Minhas 10 ideias de rendas extra do dia são (não pode repetir nada dos dias anteriores):

_____
_____
_____
_____
_____
_____
_____
_____
_____
_____

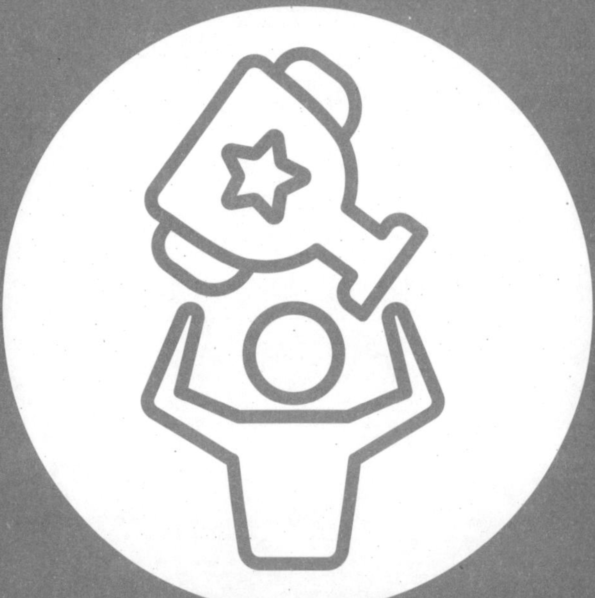

Passo 48

DESAFIO RENDA EXTRA – DIA 3

Hoje é o terceiro dia do Desafio Renda Extra. Você precisa encontrar mais 10 fontes diferentes de renda extra. Já acorde pensando nisso. Pergunte para seu marido ou sua esposa. Converse com amigos. Divirta-se nessa busca.

Em seu livro *O Milionário Consciente*, Joe Vitale fala sobre uma coisa na qual sempre acreditei: a prosperidade vem de você ser o que nasceu para ser. Ele cita o exemplo de Walt Disney, que não queria dinheiro para ser rico, mas para fazer mais filmes e entreter mais pessoas.

Veja que coisa linda! **Estamos falando de viver a riqueza para criar coisas, gerar coisas e fazer coisas. Não se trata de dinheiro, mas de** ter dinheiro para sermos mais nós mesmos.

No entanto, sempre surgirão problemas no caminho, e é aí que você precisa aprender a arte de lidar com os momentos de "fundo do poço" e com os dias ruins.

Recentemente, tive um "dia de *bad*". Entendi que era isso e esperei passar. Tenho aprendido que alguns dias são ruins. Quando eles acontecem, faço tudo o que sei e depois entrego ao Universo, e está tudo bem. Também aprendi desde muito pequeno que não há problema nenhum em mostrar as nossas fraquezas. Então, tudo bem ter um dia ruim.

O que está errado é passar muitos dias assim. Aí talvez seja o caso de procurar ajuda. Mas, se forem casos isolados, tudo bem. É a capacidade de lidar com dias não tão bons que transformará você em um mestre da prosperidade. Ser rico não é uma corrida de 100 metros rasos, é uma maratona.

Então, siga em frente firme e forte. Converse com alguém, pesquise na internet e olhe ao seu redor procurando opções para fazer dinheiro.

CHECK POINT:

Minhas 10 ideias de rendas extra do dia são (não pode repetir nada dos dias anteriores):

_____
_____
_____
_____
_____
_____
_____
_____
_____
_____
_____
_____
_____
_____
_____
_____
_____
_____
_____
_____

Passo
49

DESAFIO RENDA EXTRA – DIA 4

Esta é uma mensagem muito simples para dizer que você pode, você consegue. Não há nada neste mundo que possa tirar essa força de você. Você nasceu rico! Foram as programações que recebeu durante a vida que o fizeram acreditar no contrário.

A vida é abundante. A semente que cai na terra germina e vira planta, cresce e se torna árvore, que dá mudas e frutos. Depois que os frutos caem no chão, viram adubo. Tudo é cíclico.

O vento vem em abundância, a chuva vem em abundância, o sol vem em abundância, e você está inserido nesse circuito de abundância. Ela brota dentro de você.

Por isso, você precisa olhar em cada canto, cada situação e ver como pode fazer dinheiro.

Que coisas você fazia quando tinha 15, 20 ou 25 anos? O que você já fez no passado, quando tinha outra mentalidade, e que poderia fazer de novo?

Além disso, existem milhares de coisas que, hoje em dia, a internet nos permite fazer. Que ideias criativas seriam essas? Este desafio tem muito a ver com entender a potencialidade do ser humano. É por isso que estamos juntos nessa. É para você se abrir e parar de se tachar. É para que você desapegue da ideia de que dinheiro só vem da sua profissão.

É hora de pedir ajuda, buscar inspiração e ligar o radar. Quando estou escrevendo um livro, gravando um vídeo ou pensando em um projeto novo, faço a pergunta de manhã cedo e peço que o Universo me mostre a resposta.

Aprendi com a minha sócia Patrícia que o mundo funciona assim: você só precisa fazer a pergunta certa para a resposta vir. E a pergunta certa é: como eu posso, de forma rápida, precisa e simples, gerar múltiplas fontes de renda?

Concentre-se em seguir o seu plano e, por sete dias, anotar 10 formas diferentes de como pode fazer dinheiro extra (já estamos no quarto dia). Existem muitas oportunidades, desde vender roupa, fazer comida, atuar no plano B da sua profissão, traduzir textos, fazer limpeza, artesanato, dar consultoria, dar aula, vender coisas, ensinar.

Por favor, você tem muitos potenciais. Com o tempo, eles foram ficando meio soterrados e você foi perdendo a prática, mas ainda consegue. Só precisa fazer a lista.

CHECK POINT:

Minhas 10 ideias de rendas extra do dia são (não pode repetir nada dos dias anteriores):

_____
_____
_____
_____
_____
_____
_____
_____
_____
_____
_____
_____
_____
_____
_____
_____
_____

Passo
50

DESAFIO RENDA EXTRA - DIA 5

Este é o quinto dia do Desafio Renda Extra. Hoje quero falar sobre algo muito importante: as comparações. Nós vivemos em um mundo de comparações e, de certa forma, essa é uma das coisas que mais influenciam os seres humanos.

Entretanto, as comparações e cobranças destroem os relacionamentos e a vida das pessoas. Na guerra da comparação, a sua autoestima nunca sai ilesa. Toda vez que fazemos uma comparação, fria e diretamente, analisamos o sucesso do outro em relação ao nosso.

Mas nunca somos justos ao fazer isso. O que vemos do outro é o palco, o que ele mostra. E comparamos esse palco com os nossos bastidores.

Ou seja, quando fazemos comparações, olhamos para a pessoa em seu auge, no seu melhor momento. Pensamos no que ela tem e conquistou, mas nunca percebemos tudo o que ela passou nem as barreiras que precisou vencer.

E então sofremos, porque sempre somos injustos nas comparações.

Não estou dizendo que você não deve olhar o que as pessoas têm. Você deve, mas com o objetivo de modelar, nunca de invejar nem de comparar com a sua realidade.

Comparar o sucesso do outro com o seu fracasso vai lhe fazer mal. Mas, se você olhar para o outro com admiração por conta da facilidade que ele tem para fazer certas coisas, isso vai servir de inspiração.

Então sempre olhe para o outro para se inspirar, não para se comparar. Concentre-se nos caminhos de sucesso. Aprenda com os seus mentores, seja fiel ao seu método e pratique o treino. **Esqueça um pouco o brilho dos outros e concentre-se no seu.**

CHECK POINT:

Minhas 10 ideias de rendas extra do dia são (não pode repetir nada dos dias anteriores):

_____
_____
_____
_____
_____
_____
_____
_____
_____
_____

SEJA RICO

"Na guerra das *comparações,* A SUA autoestima nunca sairá ilesa."

@BRUNOJGIMENES

Passo
51

DESAFIO RENDA EXTRA - DIA 6

Faltam apenas dois dias para terminar o Desafio Renda Extra! Abra o seu radar e encontre caminhos que até então não havia considerado. Saia do seu "quadrado", da sua caixa ou da sua bolha.

Não tenha medos nem se cobre, mas exija de si mesmo o seu melhor. Lembre-se de que **o capricho é o pai da prosperidade, mas o perfeccionismo é uma desculpa do ego.**

Também gosto de chamar o Desafio Renda Extra de "Nasce um Empreendedor".

Empreender é enxergar oportunidades. Você não precisa abrir uma empresa para empreender. Aliás, não há lugar melhor para empreender do que no CNPJ de outras pessoas.

Talvez você esteja esquecendo que a renda extra pode surgir no seu próprio trabalho. Você pode sugerir ao seu chefe ou sócio alguma coisa que vai gerar dinheiro extra dentro da empresa.

Eu sei que algumas pessoas são funcionárias públicas e não têm essa possibilidade, mas eu não preciso dizer que somos fontes geradoras de valor e, cada vez que você gera valor, pode também gerar dinheiro.

Se você decidir passar três dias na casa de um amigo e alugar o seu apartamento pelo Airbnb, vai estar gerando valor. Só não se esqueça de dar uma parte disso para o seu amigo em agradecimento.

Eu não sei se isso é algo que eu faria, mas quero apenas mostrar que existem muitas possibilidades. Quero que você esteja conectado com a sua verdade e a sua força e que entenda que pode gerar valor e, assim, criar renda extra.

CHECK POINT:

Minhas 10 ideias de rendas extra do dia são (não pode repetir nada dos dias anteriores):

_____

_____

_____

_____

_____

_____

_____

_____

_____

_____

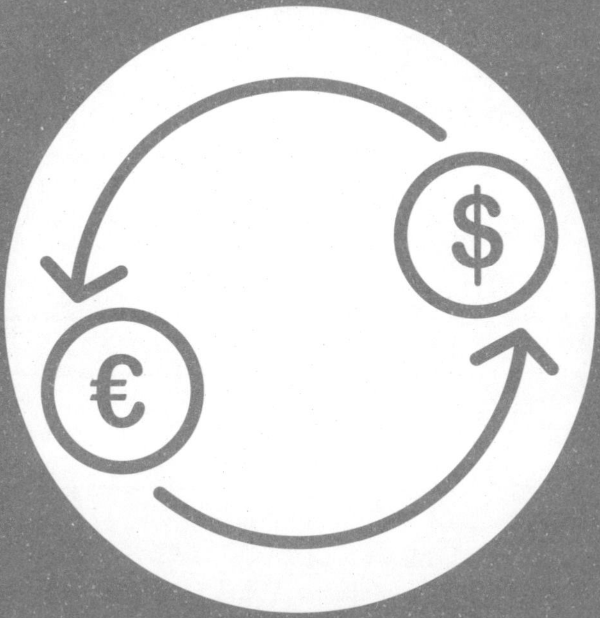

Passo

52

DESAFIO RENDA EXTRA – DIA 7

Hoje é o último dia para você fazer a lista de 10 coisas diferentes que poderia fazer para gerar renda extra. Não vale listar coisas que você não faria!

Abra o seu radar, pergunte a outras pessoas, estude, pesquise na internet, procure as tendências do mercado, relembre coisas que você já fez... Não pare e nem desista. Se por acaso você se sentir constrangido, aprenda a lidar com isso.

Lidar com o constrangimento é uma força fundamental das pessoas que prosperam. Quem não consegue lidar com o constrangimento dificilmente vai ter a energia certa para fazer as negociações certas em busca de sua riqueza.

Você não pode ficar sem graça se, depois de passar muito tempo numa loja olhando as peças, não gostar de nada. Agradeça e diga não. Sem constrangimento.

Muitas vezes, o constrangimento é justamente aquilo que você precisa suportar para conseguir fazer o que quer.

Neste último dia do Desafio Renda Extra, preciso que você entenda a força de lidar com o constrangimento.

CHECK POINT:

Minhas 10 ideias de rendas extra do dia são (não pode repetir nada dos dias anteriores):

_____
_____
_____
_____
_____
_____
_____
_____
_____
_____
_____
_____
_____
_____
_____
_____
_____
_____
_____
_____

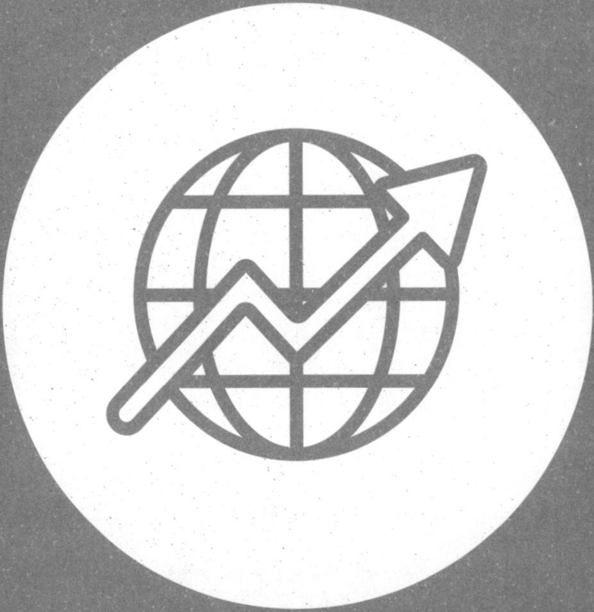

Passo

53

MEXA O ESQUELETO

Você já sabe que precisa lidar com o constrangimento se quiser ser uma pessoa próspera. Então, o desafio de hoje é para pôr à prova a sua capacidade de lidar com o constrangimento. Você precisa mexer o esqueleto.

O exercício físico é um dos principais fatores para mantermos nosso corpo e nossa mente em harmonia. Talvez você esteja querendo se rebelar contra mim agora e, acredite, eu entendo. Por muito tempo eu dei murro em ponta de faca. Mas não tem jeito. Hoje em dia estou me disciplinando para me exercitar e você também precisa fazer isso.

Faça uma caminhada. Ou então procure um vídeo de exercícios ou de alongamento no YouTube. Arraste os móveis da sala e coloque uma música e dance. Não importa o que exatamente você vai fazer, a única coisa que importa é colocar o seu corpo para se mexer e suar.

Hoje é dia de limpar a sua mente, de se conectar com o seu corpo e começar a melhorar a sua saúde. Um corpo saudável também é prosperidade. Então deixe a preguiça de lado e se mexa.

A partir do próximo passo, entraremos no desafio final. Então, se você se enrolou, este é um bom momento para se desenrolar. Revise os conteúdos, aplique o que aprendeu e esteja pronto para entrar na reta final.

Passo

54

COMEÇA HOJE O DESAFIO FINAL

Começa agora o Desafio Final! O que você vai ler e fazer agora já alavancou a vida de muitas pessoas e mudou suas realidades. Você vai desenvolver a mentalidade empreendedora, expandir a mente e criar múltiplas fontes de renda. E isso é tudo o que você precisa exercitar para enriquecer.

Tudo na vida requer algum esforço, dedicação e energia: ter um filho, fazer uma viagem, comprar um carro etc. Olhe todo esforço que você faz na sua vida. Por que com a riqueza seria diferente? O interessante, porém, é que esse esforço se torna natural quando você foca nos benefícios dele.

Então é hora de entrar em campo e se esforçar para criar riqueza. Você acabou de criar uma lista com 70 opções de coisas que poderia começar a fazer para ganhar dinheiro extra.

Pelos próximos dias, você vai escolher uma dessas opções e entrar em campo. A partir de hoje, você vai começar a fazer dinheiro extra.

O quanto você vai faturar não é o que mais importa agora, e sim colocar algum desses itens em prática. Mas, ainda assim, sugiro que você se concentre naquilo que pode gerar mais renda. Você vai começar algo que não está acostumado a fazer, mas que tem uma verdadeira possibilidade de garantir uma renda extra.

Pode começar agora mesmo! Faça com vontade e anote todos os seus resultados.

CHECK POINT:

Entre todas as 70 ideias de renda extra que você anotou, cite que você vai fazer (por ordem de importância):

_____
_____
_____
_____
_____
_____
_____
_____
_____
_____
_____
_____
_____

Agora que já decidiu com qual começar, qual é a ação prática para iniciá-la hoje e ter resultados hoje mesmo?

Passo

55

DESAFIO FINAL – DIA 2

Hoje é o segundo dia do Desafio Final. Você já entrou em campo? Já montou sua estratégia e começou a atuar nela? Já viu entrar algum dinheirinho extra?

Você precisa entender que não se trata apenas do dinheiro, e sim de se descobrir. Além disso, quando o desconforto vier, celebre. Isso é prova de que você está trabalhando.

Você tem que aprender a lidar com o desconforto e sair da ilusão de que apenas no conforto se pode agir e pensar. Certa vez li num livro que, quando você estiver extremamente desconfortável, é hora de bater no peito e dizer que está evoluindo.

Quero que você faça isso várias vezes durante este desafio. Bata no peito e diga que está evoluindo, crescendo e prosperando.

O constrangimento e o desconforto fazem parte do processo e, quando você aprende a lidar com eles, começa a se divertir.

Se você está se divertindo, com a energia muito alta, parabéns! Isso é maravilhoso e mostra que você está em outro nível.

Comece a gerar resultados, acumular dinheiro e se lembre que você não tem limites, pois existem múltiplas fontes, formas e meios do Universo lhe trazer o que você quer.

CHECK POINT:

As ações e resultados que tive no dia 2 são:

Passo 56

DESAFIO FINAL – DIA 3

Tudo é foco! E, neste momento, várias coisas vão tentar tirar o seu foco e desviar a sua atenção. Cuidado! **A procrastinação é a arte de dar prioridade a tarefas que não deveriam ser o seu foco.** Quando procrastina, você faz de tudo para evitar fazer o que é de fato importante. Não deixe a procrastinação tomar conta de você.

Para isso, é bom criar pequenos e microcomprometimentos. Uma forma de fazer isso é compartilhar com alguém ou até publicamente.

Toda vez que quero começar um projeto, eu vou para a internet e conto sobre ele. Naquele momento, crio um microcomprometimento com a minha audiência. Se eu falei que estou escrevendo um livro, em algum momento ele vai ter que sair.

Se eu falo para alguém sobre um projeto, em algum momento essa pessoa virá me cobrar. E, quando isso acontecer, se você tiver parado com o projeto, vai se sentir mal. Só de pensar nisso seu comprometimento já aumenta e isso é muito importante.

Você está agora no terceiro dia do Desafio Final. Espero que já tenha entrado em ação, pois agir é uma das coisas mais importantes que existe.

Você tem vizinhos, colegas de trabalho, parentes, dezenas de grupos no WhatsApp, tem Instagram, Facebook e outras redes sociais. Tudo isso está disponível para você entrar em contato com pessoas e criar oportunidades de renda extra. Você pode vender livros antigos, roupas que não usa mais, pode prestar serviços... Você tem múltiplas potencialidades!

Concentre-se nisso, lembre-se do seu poder e não invente desculpas.

Tudo o que você precisa fazer agora é se concentrar na sua meta. Se você já teve resultado, está se sentindo bem e feliz. Se ainda não teve resultado, mas está agindo, fique feliz também. Mas, se você não está agindo, é porque se deixou vencer pelo constrangimento. Então é hora de vencê-lo e se comprometer.

Sempre é tempo de mudar. Você tem que ser tudo o que nasceu para ser, e isso só vai acontecer quando você vencer o constrangimento.

(É fundamental que você já esteja tendo resultado no dia 3, que o dinheiro já esteja entrando.)

CHECK POINT:

As ações e resultados que tive no dia 3 são:

_____
_____
_____
_____
_____
_____
_____
_____
_____
_____
_____
_____
_____
_____
_____
_____
_____
_____
_____
_____

Passo

57

DESAFIO FINAL – DIA 4

Você sabe o que é um tratado? É tomar uma decisão e dizer: "Eu vou conseguir!" Há seis meses, criei um tratado para determinada área da minha vida e hoje parei para estudar sobre isso. Então me dei por conta de que isso é um tratado e que vou cumpri-lo, mesmo tendo falhado algumas vezes, porque eu não desisto.

E é isso que eu quero que você entenda.

Prosperidade é um tratado. Quando você decide que vai enriquecer, pode até cambalear e dar uma cansada. Tudo bem, os seres humanos precisam mesmo dar uma respirada.

Vai chegar uma hora em que você vai precisar de descanso. Mas respirar não é desistir. Então, você respira, levanta, sacode a poeira e tenta de novo.

A intensidade é importante para que você comece a reprogramar a sua mente e reconstruir seus paradigmas.

A sua vida está passando. Tome hoje a decisão de mudá-la.

Use o dia de hoje para tirar algumas cartas da manga. Você pode vender qualquer coisa que tenha aí na sua casa. Em geral, nós temos muito dinheiro retido na nossa vida com objetos que compramos, mas que não fazem nenhuma diferença para nós. Isso sem mencionar nossas habilidades e os serviços que poderíamos prestar.

Vamos juntos. Falta pouco. Em breve você vai poder descansar.

(Aqui seus resultados precisam estar melhores que no dia 3!)

CHECKING POINT:

As ações e resultados que tive no dia 4 são:

_____
_____
_____
_____
_____
_____
_____
_____
_____
_____
_____
_____

Passo

58

DESAFIO FINAL – DIA 5

Hoje é dia de agradecer por todo o empenho e de recuperar energia para ir até o fim. Você já chegou até aqui e isso é incrível!

Não interessa se foi aos "trancos e barrancos" ou se você faz o tipo "melhor aluno da turma". O que importa é o que você fez. Não exija perfeição, porque a perfeição não existe. O que existe é caminhar na direção certa.

Este é o objetivo deste passo: **mostrar que a direção certa é mais importante do que ser o melhor aluno da turma.**

Pare e reflita: você está na direção certa? Está em campo, fazendo o melhor que pode com o que você tem? Você está sendo caprichoso?

Honre tudo o que você fez até aqui. E se escolheu entrar em campo com uma opção de renda extra que não está dando muito certo, tudo bem. Você criou uma lista com pelo menos 70 opções. É só escolher outra e trocar.

Você consegue!

(Aqui seus resultados precisam estar melhores que no dia 4, mas se entender que escolheu a opção errada, você tem mais 69 opções para escolher e ajustar o plano.)

CHECK POINT:

As ações e resultados que tive no dia 5 são:

Passo

59

DESAFIO FINAL – DIA 6

Espero que este desafio esteja mexendo positivamente com a sua cabeça. E espero que você esteja no jogo, pois essa é uma das coisas mais importantes que existem. Estar no jogo significa que você está presente, participando, convivendo, se envolvendo e se desenvolvendo.

O objetivo deste livro é ajudar você a encontrar a felicidade de um jeito leve, a ser o que nasceu para ser, criar a sua realidade, buscando melhores hábitos. Você precisa se desafiar a fazer coisas que tenham sentido, buscando a energia do que realmente lhe faz bem.

Muita gente acredita que a energia vem de fora e sai para buscá-la em algum tipo especial de alimentação, por exemplo. Mas a energia vem de dentro, e ela surge quando fazemos algo que gostamos e que nos faz sentir vivos.

Se em algum momento deste desafio você se sentiu vivo, incomodado e descontrolado, achando que não ia conseguir cumpri-lo, saiba que é esse tipo de energia que nos movimenta. **É esse tipo de força que nos impulsiona a fazer as coisas acontecerem e nos dá a certeza de que estamos vivos.**

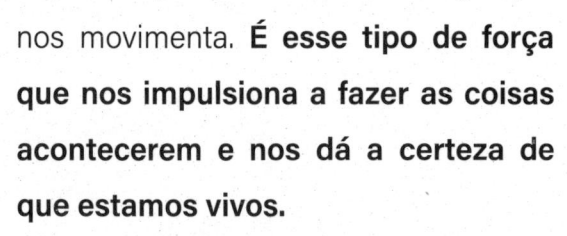

Provavelmente, quando você entra nesse campo de vibração, entende que as coisas podem ser muito maiores do que a realidade que você está vivendo. Você percebe que pode ser tudo o que nasceu para ser.

Buscar o conforto é uma tendência do nosso cérebro. Querer e merecer conforto faz sentido. O que não faz sentido é o vício no conforto, a ponto de não se fazer mais nada e se deixar levar pela rotina. A sua vida pode ser maior do que você pensa!

(Aqui seus resultados precisam estar melhores que no dia 5!)

CHECK POINT:

As ações e resultados que tive no dia 6 são:

_____
_____
_____
_____
_____
_____
_____
_____
_____

Passo

60

DESAFIO FINAL – DIA 7

Hoje é o último dia e eu tenho certeza de que você expandiu a sua consciência. Espero que você tenha entrado em campo, feito várias ações e tido um resultado incrível. Acima de tudo, espero que você esteja feliz e que todo o desconforto que sentiu tenha valido a pena.

A riqueza que você tem hoje está diretamente ligada ao seu tamanho. Então, para ter a riqueza com que sempre sonhou, o seu tamanho precisa mudar. Para expandir a sua mentalidade, você precisa pagar o preço do desconforto, das negociações e das novas decisões.

Para enriquecer, precisa crescer como pessoa e ser humano.

REFLITA: Qual é o tamanho da sua riqueza hoje? Qual é a riqueza que você quer ter? Qual é o seu sonho para daqui a três ou cinco anos? E quais são os seus sonhos para 30 e 90 dias? Qual é a sua autoimagem? E como é a imagem que você projeta para os outros?

Riqueza tem tudo a ver com consciência. Uma coisa não acontece sem a outra.

A Lei do Vácuo diz que, para que uma coisa nova entre na sua vida, você precisa criar espaço para ela. Funciona para a riqueza também. Para que ela cresça, você precisa crescer como ser humano, precisa ter novas atitudes e uma nova visão. Lembre-se de que querer a mudança sem mudar é insanidade.

Esse desconforto que surge às vezes é você se expandindo, crescendo. Não é possível crescer sem um pouco de sofrimento. É a chamada dor do crescimento, mas é uma dor que faz sentido. É como ir para a academia: no início dói, mas é bom.

Hoje é o último dia. Espero que você tenha dado o melhor de si. Se não deu o melhor de si, desejo que você se aceite, se perdoe e continue na direção certa. Para evoluir constantemente, a direção importa mais que a velocidade.

Você chegou até aqui! Parabéns! Faça um carinho em você mesmo, se olhe no espelho e diga: "Eu me amo! Eu posso. Eu sou merecedor. Eu sou filho do mesmo criador."

CHECK POINT:

Quais foram as habilidades que você desenvolveu neste desafio?

Qual foi o valor total bruto que você faturou?

Como você se sentiu ao fazer o desafio?

CHECKLIST DE REVISÃO

Você foi um bom aluno? Você fez direitinho os deveres de casa?

O conteúdo que estudamos juntos neste livro é bastante extenso, por isso, antes de deixar você seguir o seu caminho, quero convidá-lo a fazer uma revisão. Avalie-se com as notas 0, 5 ou 10.

1. Você conseguiu limpar as suas crenças sobre dinheiro e assumir abertamente que quer ser rico ou ainda está na fase de não falar em voz alta e ter vergonha de que alguns parentes saibam? Como está a sua crença sobre ser rico ou milionário?

☐ 10   ☐ 5   ☐ 0

2. Você está controlando e vigiando as crenças negativas limitantes? Não basta fazer isso uma vez só. As crenças limitantes crescem como unhas, e você precisa cortá-las com frequência.

☐ 10   ☐ 5   ☐ 0

3. Você está sempre focado nas metas de 90 dias e 3 anos? Está se tornando um mestre das metas? Qual nota você se daria?

☐ 10   ☐ 5   ☐ 0

4. Você está concentrado no uso pleno da integridade na sua vida? Está fazendo a coisa certa, falando a verdade e honrando seus compromissos?

☐ 10   ☐ 5   ☐ 0

5. Você definiu a sua autorresponsabilidade como verdade absoluta? Quando você assume isso, começa a ser o verdadeiro criador da realidade, entendendo que ninguém é culpado de nada. Isso exige muito treino e força de vontade.

☐ 10   ☐ 5   ☐ 0

6. Você está realizando a sua missão de vida e sendo tudo o que nasceu para ser? Ou, no mínimo, caminhando nessa direção?

☐ 10   ☐ 5   ☐ 0

Quero que você vá ainda mais fundo na sua avaliação. Dê uma nota para o quanto se dedicou em cada um dos passos. É exatamente como a avaliação que fizemos no meio do processo: **nota 0** se você não fez nada; **nota 5** se fez mais ou menos; e **nota 10** se deu tudo de si.

Vamos lá?

1. Motivações certas para enriquecer.

☐ 10   ☐ 5   ☐ 0

2. O poder do "Eu posso".

☐ 10   ☐ 5   ☐ 0

3. Aprenda a instalar novos hábitos.
☐ 10   ☐ 5   ☐ 0

4. Risco da lealdade tóxica.
☐ 10   ☐ 5   ☐ 0

5. O que você pode controlar.
☐ 10   ☐ 5   ☐ 0

6. Culpa da fartura.
☐ 10   ☐ 5   ☐ 0

7. Idiota das algemas de ouro.
☐ 10   ☐ 5   ☐ 0

8. Caixa ancestral de prosperidade.
☐ 10   ☐ 5   ☐ 0

9. Por que ficamos na zona de conforto?
☐ 10   ☐ 5   ☐ 0

10. DNA dos vencedores.
☐ 10   ☐ 5   ☐ 0

11. O que você tem diz quem você é (em termos da sua vibração).
☐ 10   ☐ 5   ☐ 0

12. Aprenda a enfraquecer o perfeccionismo.
☐ 10   ☐ 5   ☐ 0

13. O capricho é o pai da prosperidade.
☐ 10 ☐ 5 ☐ 0

14. Remova a sombra da família.
☐ 10 ☐ 5 ☐ 0

15. Você é tudo o que pode ser?
☐ 10 ☐ 5 ☐ 0

16. O mundo das possibilidades.
☐ 10 ☐ 5 ☐ 0

17. Seja mais rebelde.
☐ 10 ☐ 5 ☐ 0

18. Visualize a obra pronta.
☐ 10 ☐ 5 ☐ 0

19. Seu Universo externo.
☐ 10 ☐ 5 ☐ 0

20. Você tem multipoderes.
☐ 10 ☐ 5 ☐ 0

21. O vício do mais barato.
☐ 10 ☐ 5 ☐ 0

22. O dinheiro não pode ser um corpo estranho.
☐ 10 ☐ 5 ☐ 0

23. Pare de trocar tempo por dinheiro.
☐ 10   ☐ 5   ☐ 0

24. Responda a estas três perguntas e fique rico.
☐ 10   ☐ 5   ☐ 0

25. Espere o positivo.
☐ 10   ☐ 5   ☐ 0

26. Seja mestre das metas e enriqueça sempre.
☐ 10   ☐ 5   ☐ 0

27. Como ser um mestre da prosperidade.
☐ 10   ☐ 5   ☐ 0

28. As quatro forças do dinheiro que você precisa dominar.
☐ 10   ☐ 5   ☐ 0

29. Coloque fermento nas suas metas.
☐ 10   ☐ 5   ☐ 0

30. Seja o melhor!
☐ 10   ☐ 5   ☐ 0

31. Se quer mudanças, mude!
☐ 10   ☐ 5   ☐ 0

32. Qual é a imagem que as pessoas têm de você?

☐ 10   ☐ 5   ☐ 0

33. Você é um bom aluno? Que nota você se daria?

☐ 10   ☐ 5   ☐ 0

34. Ensine a riqueza.

☐ 10   ☐ 5   ☐ 0

35. Você precisa ter espaço mental.

☐ 10   ☐ 5   ☐ 0

36. Reconheça as suas conquistas.

☐ 10   ☐ 5   ☐ 0

37. Não tem "jeitinho" por aqui!

☐ 10   ☐ 5   ☐ 0

38. Aprenda a ler o seu paradigma.

☐ 10   ☐ 5   ☐ 0

39. Ferramentas para atrair dinheiro rápido.

☐ 10   ☐ 5   ☐ 0

40. Quais são seus medos reais?

☐ 10   ☐ 5   ☐ 0

41. Os dois elementos que aceleram a sua riqueza.
☐ 10   ☐ 5   ☐ 0

42. Acesse a poderosa memória da gratidão.
☐ 10   ☐ 5   ☐ 0

43. O "CHA" da Prosperidade.
☐ 10   ☐ 5   ☐ 0

44. O poder da autossugestão.
☐ 10   ☐ 5   ☐ 0

45. Preparação para ampliar sua visão de mundo.
☐ 10   ☐ 5   ☐ 0

46. Desafio Renda Extra – Dia 1.
☐ 10   ☐ 5   ☐ 0

47. Desafio Renda Extra – Dia 2.
☐ 10   ☐ 5   ☐ 0

48. Desafio Renda Extra – Dia 3.
☐ 10   ☐ 5   ☐ 0

49. Desafio Renda Extra – Dia 4.
☐ 10   ☐ 5   ☐ 0

50. Desafio Renda Extra – Dia 5.
☐ 10   ☐ 5   ☐ 0

51. Desafio Renda Extra – Dia 6.
☐ 10   ☐ 5   ☐ 0

52. Desafio Renda Extra – Dia 7.
☐ 10   ☐ 5   ☐ 0

53. Mexa o esqueleto.
☐ 10   ☐ 5   ☐ 0

54. Começa hoje o Desafio Final.
☐ 10   ☐ 5   ☐ 0

55. Desafio Final – Dia 2.
☐ 10   ☐ 5   ☐ 0

56. Desafio Final – Dia 3.
☐ 10   ☐ 5   ☐ 0

57. Desafio Final – Dia 4.
☐ 10   ☐ 5   ☐ 0

58. Desafio Final – Dia 5.
☐ 10   ☐ 5   ☐ 0

59. Desafio Final – Dia 6.
☐ 10   ☐ 5   ☐ 0

60. Desafio Final – Dia 7.
☐ 10   ☐ 5   ☐ 0

Conclusão

O FIM DESTA JORNADA

Hoje é o começo de uma Nova Era! Nessa nova era, a sua vida pode ser maravilhosa, como você sempre sonhou, ou pode continuar sendo mais complicada.

E sabe quem define isso? Você! Se você estudou, se dedicou e entrou em campo, parabéns! É hora de reconhecer o seu esforço e a sua dedicação!

Quantas coisas você já viveu? Quantos problemas já enfrentou? Quantas superações, vitórias, derrotas, vitórias depois das derrotas, quantas críticas? Quantas rasteiras você levou da vida e teve que se levantar? E, na maioria das vezes, esquecemos de reconhecer e de nos fazer um carinho.

Neste livro, eu trouxe para você 60 passos com

mensagens precisas e direto ao ponto, para ajudá-lo a criar a vida dos seus sonhos e para que você pudesse reconstruir tudo o que quer do seu jeito, com paradigmas e ideais alinhados, pensamentos sintonizados, crenças limitantes anestesiadas, sabendo como ser um criador da realidade, entendendo as consequências de tudo o que faz, sente e pensa.

Se você chegou até aqui e está lendo esta última mensagem, tem todos os méritos do mundo. **Não foi uma jornada fácil, mas foi** satisfatória, abençoada e iluminada com a prosperidade.

Mas, se não mergulhou de cabeça nas atividades e desafios, eu lamento. Não posso passar a mão na sua cabeça, porque você é o único responsável por impedir a sua vida de andar. Não dá mais para culpar os outros pela sua falta de prosperidade. Isso é se manter na RPR. A riqueza vem para quem faz a sua parte.

Lembre-se: este não é um livro de simples entretenimento, este é um manual para lhe acompanhar no seu caminho. É um *checklist* para você enriquecer, o meu *checklist* para ficar rico, que agora é seu também!

Você tem nas suas mãos, agora mesmo, um tratado para prosperar hoje, amanhã e depois. Você tem em mãos um sistema de vida para ser feliz, saudável e rico.

VOCÊ TEM AS BASES
E OS CAMINHOS CERTOS.
NÃO DESPERDICE ISSO!

Prosperidade é tratado e comprometimento. Você assumiu esse tratado? Você tomou a decisão de ter uma vida próspera?

Como foi a sua transformação ao ler este livro? Quem é você hoje e quem era antes? Como é a sua vida agora e como era antes? Quais foram os principais resultados e benefícios que você teve? Que soluções você encontrou para os problemas que tinha?

Tenho certeza de que muita coisa mudou. **Se a riqueza material ainda não chegou na sua vida, pelo menos a riqueza extrafísica deve estar muito melhor.** Você está se sentindo bem, mais energizado e mais grato. Esse é o primeiro passo para imprimir os seus sonhos na Matriz Divina da criação. O resultado vem com o tempo. Nunca se esqueça disso! Controle apenas a sua dedicação, e deixe que o Universo cuide dos resultados.

A verdade é que essa jornada nunca termina. Na vida, tudo é repetição, imersão, intensidade e continuidade. Por isso, peço que você volte ao início, leia os passos de novo, faça uma revisão, se avalie e estude o que precisar, para que tudo seja internalizado.

Assuma a responsabilidade de se dedicar a estudar e desenvolver a sua prosperidade. Assim, estará fazendo bem para si mesmo e para o mundo. **Lembre-se: a humanidade precisa de você para evoluir!**

Estude e aplique os ensinamentos deste livro. Estude 10, 20, 30 vezes. Use o que aprendeu, mude, melhore e insista. Isso vai radicalizar a sua prosperidade!

Foi uma grande alegria ser seu mentor nesta jornada. Tenho certeza de que ainda vamos nos encontrar.

Desejo que você seja tudo o que nasceu para ser e jamais deixe seu brilho se apagar.

Que a prosperidade brilhe na sua vida!

Brilha prosperidade!
Brilha prosperidade!
Brilha prosperidade!

Que você seja um canal de Deus para expandir e melhorar o mundo!

QUE VOCÊ SEJA RICO! MUITO RICO!

Até breve,
BRUNO GIMENES

Transformação pessoal, crescimento contínuo, aprendizado com equilíbrio e consciência elevada.

Essas palavras fazem sentido para você?

Se você busca a sua evolução espiritual, acesse os nossos sites e redes sociais:

iniciados.com.br
luzdaserra.com.br
loja.luzdaserraeditora.com.br

luzdaserraonline
editoraluzdaserra

luzdaserraeditora

luzdaserra

Luz da Serra
EDITORA

Avenida 15 de Novembro, 785 – Centro
Nova Petrópolis / RS – CEP 95150-000
Fone: (54) 3281-4399 / (54) 99113-7657
E-mail: livros@luzdaserra.com.br